Orientalisch kochen

Die Autoren

Magdi Gohary, geboren 1941 in El Mansoura/Ägypten; langjährige Tätigkeit in der chemischen Forschung; politisches und soziales Engagement in der Friedensarbeit und in der Gewerkschaft; zurzeit im Ruhestand.

Christine Gohary, geboren 1947 in Hamburg; Studium der Germanistik, Geschichte und Politik; arbeitete als freie Journalistin und Autorin, außerdem im Kulturmanagement; lebt in München. Zahlreiche Publikationen.

1998 veröffentlichten sie – in Zusammenarbeit mit Brahim Lagunaoui – in dieser Reihe den Band »Arabisch kochen«, der in zweiter Auflage vorliegt.

Magdi und Christine Gohary

Orientalisch kochen

Gerichte und ihre Geschichte

Verlag Die Werkstatt · Edition d i á

Bibliografische Information der Deutschen Bibliothek
Die Deutsche Bibliothek verzeichnet diese Publikation in der Deutschen Nationalbibliografie; detaillierte bibliografische Daten sind im Internet über http://dnb.ddb.de abrufbar.

Lotzestraße 24a, D-37083 Göttingen
www.werkstatt-verlag.de
Dieses Buch erscheint in der Reihe
»Gerichte und ihre Geschichte«
der Edition diá (www.editiondia.de).

Titelfoto und Fotos im Innenteil, wenn nicht anders angegeben: Magdi und Christine Gohary.
Satz und Gestaltung: Verlag Die Werkstatt, Göttingen
Druck und Bindung: Westermann Druck, Zwickau

ISBN 3-89533-452-9

Inhalt

Von Orient und Okzident

So der Westen wie der Osten
Geben Reines dir zu kosten.
Lass die Grillen, lass die Schale,
setze dich zum großen Mahle:
mögst du auch im Vorübergehn
diese Schüssel nicht verschmähn.
Johann Wolfgang von Goethe

Der Orient und Okzident – Osten und Westen – sind seit Jahrhunderten eng miteinander verbunden. In seiner Gedichtsammlung »West-östlicher Diwan« setzte sich Johann Wolfgang von Goethe intensiv und kenntnisreich mit dem Orient auseinander und betonte die enge geistige Verbundenheit der beiden Regionen.

Orient (vom lateinischen *oriens:* aufgehend – da, wo die Sonne aufgeht), auch Morgenland genannt, ist definitorisch das Gegenstück zum Okzident (Abendland), der europäischen Welt. Im Lauf der Geschichte hat das Bedeutungsspektrum dieses Begriffs eine Wandlung erfahren. Im engeren Sinn waren es zunächst nur die Länder Vorderasiens, von der Türkei über die Arabische Halbinsel bis nach Afghanistan, die unter dem Begriff »Orient« zusammengefasst wurden. Der erweiterte sich auf alle religiös vom Islam geprägten Länder des südlichen Mittelmeerraumes bis hin nach Marokko. Eine klare räumliche Definition dessen, was der Orient ist, gibt es aber nicht.

Faszination Morgenland

Auf die Menschen im Westen hat der Orient schon lange eine Faszination ausgeübt. Ex Oriente lux – aus dem Osten kommt das Licht: In Kultur und Wissenschaft, Sitten und Gebräuchen, Kleidung und Speisen war der Orient entwickelter und lange Zeit dem Okzident weit voraus. Die Menschen in Istanbul, Bagdad, Damaskus, Kairo und Teheran waren gebildeter und pflegten eine kultiviertere Lebensart.

1001 Nacht

Dass der Orient zum Inbegriff von Sinnenlust und üppiger Pracht wurde, ist sicher nicht unbegründet, aber auch eine Idealisierung, die stark von den »Geschichten aus Tausendundeiner Nacht« beeinflusst wurde. Die betörende Erzählerin Scheherazade hat mit ihren Fantasien das Bild des Westens über den Osten deutlich geprägt.

In der 28. der Tausendundeinen Nacht beschreibt sie eine reiche, schöne Frau, die mit einem Träger in Bagdad auf dem Markt einkauft – eine wunderbare Einführung in die Welt der orientalischen Speisen.

Die achtundzwanzigste Nacht aus der Geschichte von Tausendundeiner Nacht

Und als die nächste Nacht gekommen war, sagte Dinarasad zu ihrer Schwester Schahrasad: »Ach, Schwester, wenn du nicht schläfst, so erzähle uns doch eine deiner schönen Geschichten!« – »Mit Vergnügen!«, antwortete Schahrasad.

Der Träger und die drei Damen

Es ist mir zu Ohren gekommen, o glücklicher König, dass in der Stadt Bagdad einmal ein Junggeselle lebte, der als Träger arbeitete. Eines Tages stand er an seinem gewohnten Platz auf dem Basar. Er hatte sich an seinen Korb gelehnt und wartete auf Kundschaft. Plötzlich blieb eine Frau vor ihm stehen. Sie war in einen seidengefütterten Mantel aus Mosul gehüllt, trug ein feines, schwarz und weiß gemustertes Kopftuch mit goldenem Saum, goldene Schuhe mit wehenden Schuhriemen und Gamaschen, deren Bänder ihre Beine umspielten. Diese Frau blieb vor ihm stehen und hob ihren Schleier. Schwarze Augen blickten darunter hervor mit langen Wimpern an den Augenlidern, deren äußere Winkel mit einem Lidstrich verlängert waren. Ihr Blick war so sanft, ihre Gestalt so vollkommen, als hätten die Dichter mit ihren schönsten Versen keine andere beschrieben als sie.

Mit zarten Worten und süßer Stimme sprach sie ihn an: »Träger, nimm deinen Korb und folge mir.« Der Träger nahm bei diesen Worten, so schnell er konnte, seinen Korb auf und eilte ihr hinterher. »Welch ein Glückstag, welch ein erfolgreicher Tag!«, sagte er zu sich selbst, während er sich ihr anschloss. Sie ging vor ihm her und blieb dann vor der Tür eines Wohnhauses stehen. Sie klopfte an. Ein alter Mann, ein Christ, kam herunter. Sie gab ihm einen Dinar und erhielt dafür von ihm eine olivgrüne Flasche. Die legte sie in den Korb und sagte dann: »Träger, nimm deinen Korb und folge mir.« – »Gern«, sagte der Träger, »o Glückstag, o Jubeltag, o Freudentag!« Damit nahm er den Korb auf und folgte ihr. Vor dem Laden des Obsthändlers hieß sie ihn wieder stehen bleiben. Dort kaufte sie Äpfel von der Sorte Fathi, osmanische Quitten, Challani-Pfirsiche, Moschusäpfel, einen Strauß Jasmin der Sorte Hall Fasadati, Lotusblumen aus Damaskus, kleine Herbstgürkchen, Zitronen der Sorten Marakibi und Sultani, Myrte, Basilikum, Reseda, Kamillenblüten, Levkojen, einen Strauß Iris, Lilien, Anemonen, Veilchen, Ochsenaugen, Narzissen und Sonnenblumen. Alles das tat sie in den Korb des Trägers und er folgte ihr weiter.

Als Nächstes machte sie beim Fleischer Halt. »Schneide mir zehn Pfund mageres, gutes Fleisch ab!«, sagte sie und bezahlte auch gleich den Preis dafür. Der Fleischer schnitt ihr zurecht, was sie sich aussuchte, wickelte das Fleisch ein und gab ihr das Paket. Sie legten es ebenfalls in den Korb und taten noch etwas Holzkohle dazu. Dann wies sie den Träger wieder an: »Nimm deinen Korb und folge mir!« Der Träger begann sich zu wundern. Er hob sich den Korb auf den Kopf und sie gingen zu einem anderen Kaufmann. Dort kaufte sie die leckersten Spezialitäten, nämlich eingesalzene Sperlinge, gespaltene und gestampfte Oliven, Estragon, Sauerrahm,

Damaszener Käse, saures Gemüse, gesüßt und ungesüßt, von allem, so viel sie brauchte. Sie tat es in den Korb des Trägers und sagte: »Träger, nimm deinen Korb und folge mir.« Der Träger hob den Korb auf und folgte ihr.

Die Dame aber ging von dem Kaufmann gleich weiter zu einem Nussverkäufer. Von ihm kaufte sie Pistazienkerne, solche, die man zum Dessert verwendet, Rosinen aus Aleppo, Mandelkerne, irakisches Zuckerrohr, Baalbeker Süßigkeiten, die aus Stärkemehl, Zucker, Mastix und Pistazien zubereitet waren, Haselnusskerne, geröstete Kichererbsen und noch dazu verschiedene andere Sorten gerösteter und gesalzener Kerne, so viel sie brauchte. Alles das lud sie in den Korb des Trägers, dann wandte sie sich zu ihm um mit den Worten: »Träger, nimm deinen Korb und komm mit mir.« Er hob den Korb auf und eilte ihr nach.

Nun blieb sie beim Süßwarenhändler stehen und kaufte einen riesigen Teller, auf dem alle Sorten Süßigkeiten, die er anzubieten hatte, angeordnet waren: Kairiner süße Stückchen, geflochtene Zöpfe nach Art der Armenier in Bailakan, dreieckige Blätterteigkrapfen, gefüllt und mit Moschus parfümiert, eine weiche, lockere Süßspeise mit dem Namen »Wunder von Umm Salih«, osmanisches Schmelzgebäck, in Sesamöl frittierte Dattelpasteten, Mandel-Honig-Gelee, süße Fladen aus Marzipan, Amberkämme, Küchlein mit dem Namen »Finger von Banid«, Witwenbrot, eine persische Spezialität mit Namen »Basandud«, Kadi-Häppchen, eine Sorte, die man »Iss und sag danke« nannte, Zuckerbiskuits der Marke »Für feine Leute« und Liebesplätzchen. Alle diese verschiedenen Sorten Süßigkeiten ließ sie auf einem Teller anordnen und stellte ihn dann in den Korb.

Da sagte der Träger zu ihr: »Gute Frau, hättest du mir das nicht eher sagen können? Dann hätte ich ein Lastpferd oder ein Kamel mitgenommen, um all diese Einkäufe zu tragen.« Sie aber lächelte nur und ging weiter zu einem Drogisten, von dem sie zehn Flaschen Weidenblütenlikör kaufte, ebenso viel Lotuswasser, zwei Zuckerhüte, eine Spritzflasche Rosenwasser mit Moschusaroma, ferner Moschus, Weihrauchharz in Kieselform und Aloe mit Amber zum Räuchern, Leuchterkerzen aus Wachs und solche für die Handlaterne. »Träger«, sagte sie, nachdem sie alles in den Korb geladen hatte, »nimm deinen Korb und komm mit mir.« Und der Träger nahm den Korb.

Sie ging vor ihm her, bis sie endlich an ein hübsches Wohnhaus gelangte, vor dem sich ein weiter Platz öffnete. Das Haus war hoch gebaut und mit starken Säulen gestützt. Die beiden Flügel der Eingangstür bestanden aus reinem Elfenbein und waren mit funkelndem Gold überzogen. Vor dieser Tür blieb die Dame stehen. Sie klopfte leise.

Da erreichte das Morgengrauen Schahrasad und sie hörte auf zu erzählen. »Wie köstlich und wie schön ist deine Geschichte!«, sagte ihre Schwester. »Was ist das schon«, erwiderte sie, »gegen das, was ich euch morgen Nacht erzählen werde, wenn ich dann noch lebe und mich der König, dessen Leben Gott verlängern möge, verschont ...«

Nach der ältesten Handschrift in der Ausgabe von Muhsin Mahdi erstmals ins Deutsche übertragen von Claudia Ott, Verlag C.H. Beck, München 2004, Seite 98-101.

Überwältigende Vielfalt

Dieser Reichtum der Speisen klingt wahrhaftig wie ein altes Märchen, doch überwältigen die orientalischen Märkte noch heute die Besucher mit ihrem farbenprächtigen und frischen Obst und Gemüse, mit Hülsenfrüchten aller Art, Nüssen, Pinienkernen, Mandeln und Pistazien. Es duftet nach Kräuter- und Blütentee, nach Kaffee, Kräutern und Gewürzen, die kunstvoll dekoriert auch ein Genuss für das Auge sind. Nicht umsonst sind die Märkte und Basare zum Inbegriff des Orients geworden.

Aus all diesen Köstlichkeiten ist eine Fülle von appetitlichen Gerichten entstanden. Fantasie und Sinnenlust sowie die Vorliebe für Würziges, Scharfes und Süßes haben wohlschmeckende und gesunde Gerichte hervorgebracht. Die Suppen, Vorspeisen, Salate und Hauptgerichte sind eine Bereicherung und Herausforderung für Feinschmecker.

Weiße, rote, grüne und braune Bohnen, Linsen und Kichererbsen spielen eine große Rolle, ebenso wie Gewürze, Nüsse und Mandeln oder getrocknete Früchte. Der Reiz der Gerichte liegt darin, dass die Zutaten in immer neuen Variationen miteinander kombiniert werden können und die Gerichte lange auf dem Herd köcheln, bis sie ihren ganz speziellen Geschmack entwickeln. Der Orient kennt keine Schnellküche: Man nimmt sich Zeit für die Zubereitung wie für das Essen.

Gesunde und schmackhafte Tradition

Im Orient hat sich nicht nur eine wohlschmeckende, sondern auch gesunde Küche entwickelt. Von alters her lieferten Hülsenfrüchte, braune und weiße Bohnen verschiedener Größe, Kichererbsen und Linsen, die nötigen Eiweiße und zusätzlich wichtige Ballaststoffe. Nahrungsmittelbiologische Forschungen beweisen heute, dass mit einer ausgewogenen Zusammenstellung verschiedener Bohnen- und Linsenarten der Proteinbedarf des Menschen ausreichend gedeckt werden kann.

Apfel, Nuss und Pinienkerne

Viele typisch orientalische Gerichte sind schon traditionell so zusammengestellt, dass die Zutaten in ihrer diätetischen Wirkung ausgesprochen gesund für den Organismus wirken. Abstriche machen muss man in dieser Hinsicht nur bei den sehr fetten Gerichten und süßen Nachtischen, die man aber individuell verändern kann.

Walnüsse, Mandeln, Pinienkerne und Pistazien, im Iran auch Trockenfrüchte wie Äpfel, Quitten, Aprikosen, Pflaumen, Orangen, Zitronen, Datteln und Feigen, werden häufig in Hauptgerichten verwendet und liefern ein breites Spektrum an Vitaminen, Spurenelementen und anderen notwendigen Nährstoffen.

Gewürze und Käuter

Eine positive Rolle spielen auch Gewürze und Kräuter. Im Orient würzt man sehr vielfältig: mit Ingwer, Kreuzkümmel, Koriander, Kardamom, Zimt, Essigbaumgewürz, Schwarzkümmel und Piment, die nicht nur wegen ihres Geschmacks, sondern auch wegen ihrer wohltuenden Wirkung auf Magen, Darm und Herz zu empfehlen sind.

In den arabischen Ländern wird gern scharf gewürzt. Überall wird eine Paste aus Chilipulver und Öl, *Schattah* oder *Harissa* genannt, ebenso wie Knoblauch reichlich verwendet. Die persische Küche geht mit den Gewürzen vorsichtiger um. Ihre Kunst besteht eher darin, Gewürze raffiniert miteinander zu kombinieren. Besonders beliebt sind Safran und Kurkuma.

Überall im Orient werden rohes Gemüse und frische Kräuter als appetitanregende Vorspeise oder Beilage zu Gerichten serviert. In den arabischen Ländern sind es Lauchzwiebeln, Radieschen und Petersilie, im Iran milde Zwiebeln und eine gehackte Kräutermischung, die so genannte *Aasch*-Mischung aus Petersilie, Dill und Schnittlauch, die mit Minze, Estragon, Koriander oder rohem Spinat variiert werden kann.

Zwischen Ost und West

Die geografische Lage des Orients, auf der Mitte zwischen ostasiatischem Raum und Europa, hat es mit sich gebracht, dass sich die Esskultur in regem Austausch mit den benachbarten Regionen entwickelte. So strahlten kulinarische Sitten und Gebräuche Indiens und Chinas sowie Europas auf den orientalischen Raum aus, wie natürlich umgekehrt die persische, osmanische und arabische Kultur den europäischen Raum beeinflusste. Eroberungen, Handel und Reisen veränderten und prägten die Regionen nachhaltig.

Kulinarische Wurzeln

Die islamische Esskultur hatte zwei Wurzeln, einmal die Wüstengebiete auf der Arabischen Halbinsel und zum anderen die fruchtbaren Tiefebenen an den Flüssen Euphrat und Tigris sowie dem Nil und auch – im geringeren Maß – im Jordantal, wo Gemüse- und Ackerbau betrieben sowie Reis und Hülsenfrüchte angebaut wurden.

Schon in vorislamischer Zeit entwickelte sich die karge Küche der Wüste, die mit wenigem auskommen musste, denn nur in den Küstenregionen und im höheren Bergland fiel – und auch das nur selten – Regen. Die Nomaden der Wüste waren auf die Oasen und die spärlich Wasser führenden Wadis angewiesen. Datteln, Milch, Käse und Fleisch von Kamelen, Ziegen und Schafen bildeten die Grundlage. Erst später kamen Weizen, Reis, Gemüse und Öl aus den Gebieten mit bäuerlicher Bevölkerung hinzu.

Schon früh trieben die Araber Handel auf dem Lande und zur See und brachten Gewürze ins Land. Die Mahlzeiten, besonders die der beduinischen Nomaden, waren trotzdem vergleichsweise einfach und eintönig. Erst mit der Ausweitung des Handels auf asiatische Länder wie Indien, Sri Lanka und China entwickelte sich die Küche nachhaltig. Karawanen zogen die Handelsstraßen entlang und brachten beispielsweise auf der Gewürzstraße Pfeffer, Zimt, Kardamom, Kurkuma, Kreuzkümmel und Safran in den Orient – also genau die Zutaten, die heute das Charakteristische der orientalischen Küche ausmachen. Außerdem wurden nun verschiedenste, von dort importierte Kräuter angebaut und bisher unbekannte Gemüsesorten heimisch gemacht.

Persische und osmanische Genüsse als Bereicherung

Die arabische Kochkunst wurde bereichert durch die Eroberung Persiens, das in seiner langen Geschichte im regen Austausch mit den umliegenden Kulturen stand. Persien erstreckte sich nach Westen über die Türkei bis ans Mittelmeer und geriet durch die Eroberungen Alexanders des Großen unter griechischen Einfluss. Nach Osten reichten die Beziehungen schon früh bis nach Indien und China. Jede Epoche brachte neue gesellschaftliche und kulturelle Prägungen mit sich.

Entscheidend wurde die Küche der arabischen Länder auch von den Osmanen beeinflusst. Irak, Syrien, Palästina, Ägypten und die nordafrikanische Region bis hin nach Algerien gerieten unter osmanische Herrschaft. Das agrarisch reiche Land am Mittel- und Schwarzen Meer brachte eine wesentlich feinere Kochkunst hervor. Was heute als arabische Küche geschätzt wird, ist in großem Maße erst durch die Verschmelzung mit der türkischen Kultur entstanden. Am osmanischen Hof wurde eine raffinierte kulinarische Tradition gepflegt, die von den wohlhabenden Schichten übernommen noch heute als Inbegriff üppigen orientalischen Sinnengenusses gilt.

Dolma

Aus dieser Zeit gingen zum Beispiel die *Dolma,* die gefüllten Gemüsegerichte, hervor, deren Name auch im Iran und den arabischen Ländern übernommen wurde. Die typische Kombination von Süßem und Scharfem stammt ebenso aus der osmanischen Tradition wie das süße Gebäck *Baklawa, Kunafa* und *Basbousa.*

Einfluss auf Europa

Wie stark der orientalische Einfluss auf die Kultur Europas war, beweisen viele Namen und Bezeichnungen aus dem Arabischen, die wir noch heute täglich benutzen: Als Vorspeise reichen wir gefüllte *Artischocken* und als Hauptgericht *Spinat mit Joghurt.* Wir trinken *Kaffee* oder *Mokka* mit etwas *Zucker* oder *Saccharin.* Wir bekommen die *Limonade* aus einer *Karaffe* ausgeschenkt und genießen den *Bohnenkaffee* aus *Tassen.* Dazu nehmen wir auf dem *karmesin*roten *Diwan* und dem *Sofa* Platz. Der *Konditor* mit seiner hohen *Mütze* serviert uns *Zimt*törtchen, *kandierte Aprikosen, Orangen* und *Zwetschen* und, wenn es heiß ist, ein *Limonensorbet.* Wir freuen uns über ein Glas *Alkohol,* den aromatischen *Arrak,* den Syrer und Türken so schätzen, und legen uns anschließend auf die *lila Ottomane* unter einen *Alkoven.* In unserem Gewürzregal stehen *Ingwer, Estragon* und *Safran, Muskat* und *Kümmel.* Nach dem Kochen putzen wir unsere Küche mit *Soda* und *Borax, Natron* und *Benzin,* damit sie wieder aussieht wie ge*lackt.*

Döner Kebab

Nicht nur anhand der Namen, sondern auch an unseren Essgewohnheiten lässt sich der orientalische Einfluss spüren. Die bekannteste Speise, die wir in Europa genießen und für uns zum Alltag gehört, ist das *Döner Kebab.* Auf Deutsch könnte man es Spießbraten oder drehendes Röstfleisch nennen. Zu Hause ist es schwierig, diese Spezialität vorzubereiten, und es ist auch schwer, sie in kleinen Mengen herzustellen. Die Zubereitung erfordert viel Geschick und sehr viel Zeit: Hammel- und Lammfleisch wird von allen Sehnen und Knorpeln befreit und in dünne Scheiben geschnitten. Die Scheiben werden in einer Marinade, für die jeder Koch sein eigenes Rezept hat, bis zu 20 Stunden eingelegt. Für die

Marinade werden zum Beispiel Zwiebelsaft, Milch, Olivenöl, Pfeffer, Salz, Pimentpulver, Paprika, Eier und Kümmel verwendet. Die marinierten Hammel- und Lammfleischscheiben werden dann abwechselnd spindelförmig auf einen Spieß gesteckt. Die zwischen den Fleischscheiben aufgezogenen Fettschichten sorgen dafür, dass das Fleisch saftig bleibt. Der Spieß dreht sich langsam vor einem senkrecht stehenden Grill – am besten Holzkohle –, so dass ständig ein Teil der Fleischoberfläche gar genug ist, um in hauchdünne Scheiben von oben nach unten geschnitten zu werden. Das dafür verwendete Messer ist fast einen Meter lang.

Diese Reihe ließe sich beliebig fortsetzen und umfasst viele Bereiche des Lebens, ob es nun feine Stoffe oder Begriffe aus Verwaltung, Steuer und Recht, Medizin, Astrologie oder Chemie sind.

Sitten und Gebräuche

Für Jahrhunderte war die Rolle der Frau in der orientalischen Gesellschaft völlig auf die Familie beschränkt. Das Haus war das Reich der Frauen, dies war ihr Lebensmittelpunkt, den sie häufig kaum verlassen konnten. Ihre Kraft und Energie widmete sie dem Wohl der Männer und Kinder und ordnete sich den Bedürfnissen und Notwendigkeiten des Familienlebens unter, aus dem sie ihre Bestätigung und ihr Selbstbewusstsein zog.

In gesellschaftlicher Beziehung waren Frauen auf Frauen angewiesen. Sie trafen sich zum gemeinsamen Kochen und Backen und Vorbereiten von Festen. Auf dem Land hat sich diese Tradition noch heute vielerorts bewahrt. In der Großstadt ist dieses Zusammenleben schwieriger geworden und die Individualisierung und Isolierung schreitet fort.

Enge Bindung an die Familie

Trotzdem ist allgemein gesprochen der Zusammenhalt und das Zusammenleben der Familien im Orient enger und stärker als bei uns – mit allen Vor- und Nachteilen. Noch immer heiratet eine Frau nicht nur ihren Mann, sondern eine ganze Familie, und es wird von ihr erwartet, dass sie sich einordnet. Auch für den Mann trifft das zu, doch ist er nicht so stark gebunden wie die Frau. Die Rolle der Frau in arabischen Ländern ist vielfach nach wie vor eine untergeordnete. Frauen sind in vieler Hinsicht benachteiligt, nicht nur familiär und gesellschaftlich, sondern auch rechtlich. In Familien der städtischen Mittel- und Oberschicht ändert sich die Situation mehr und mehr zugunsten der Frauen.

Nach Geschlechtern getrennte Feste

Vor allem auf dem Land sind die Sitten aber noch sehr traditionell geprägt. Bei Festen wie zum Beispiel Hochzeiten ist es weiterhin Brauch, dass Frauen und Männer in getrennten Räumen feiern; ebenso bei Trauerfeiern. Sind

Fremde, vor allem männliche Gäste, zu Besuch, werden die Frauen in der Regel nicht mit am Tisch sitzen, sondern nur das Essen servieren. In manchen Ländern sind sie überhaupt nicht zu sehen und die Söhne tragen das Essen auf, das die Frauen in der Küche zubereiten. Trotzdem werden Touristen es häufig erleben, dass sie in ein Haus eingeladen werden. Frauen kommen dann auch leicht in Kontakt mit den weiblichen Familienmitgliedern und werden von ihnen offen und freundlich aufgenommen.

Im Orient wird bei Einladungen und Festen üppig aufgetischt. Es stehen verschiedenste Speisen auf dem Tisch, die sich geschmacklich ergänzen. Eine alltägliche Mahlzeit besteht natürlich nur aus einem Gericht. Im Iran wird bei festlichen Anlässen der *Sofreh,* ein dekoratives, oft kostbares Tischtuch ausgebreitet, auf dem die Speisen angerichtet sind.

Geschicktes Speisen

In einfachen Familien wird aus einer Schüssel gegessen, oft sitzt die Familie dabei auf Kissen auf dem Boden. Essen mit den Händen ist weit verbreitet, wobei aber traditionell nur die rechte Hand verwendet wird. Brotstückchen werden in das Essen getunkt oder es werden mit Geschick kleine Reiskugeln geformt, in die Gemüse oder Fleisch eingerollt werden. Sonst isst man mit dem Löffel, auch mit der Gabel, aber nur selten mit dem Messer. Denn alle Gerichte sind so zubereitet, dass die Zutaten schon beim Kochen klein geschnitten werden. Es ist Sitte, sich vor und nach jeder Mahlzeit die Hände zu waschen, egal ob man privat zum Essen eingeladen ist oder ein Restaurant besucht.

Feste und Feiertage

Ramadan

Das religiöse Leben der Muslime ruht auf den »Fünf Säulen«, den fünf wichtigsten Glaubensinhalten des Islam. Über allem steht das Glaubensbekenntnis, die *Schahada: La illaha ila allah wa Muhammad rasula allah* – Es gibt keinen Gott außer Gott und Mohammed ist sein Prophet. Das zweite Gebot schreibt das fünfmalige Beten vor, zu dem der Muezzin vom Minarett der Moschee aufruft. Die dritte Verpflichtung besteht im Almosengeben, besonders an Feiertagen und im *Ramadan.* Der vierte Glaubenssatz schreibt die Pilgerfahrt nach Mekka, die *haddsch,* vor.

Das fünfte religiöse Gebot des Islam bestimmt das Fasten im Monat *Ramadan.* Der Fastenmonat wandert gemäß dem islamischen Kalender, der kürzere Monate hat, rund um das Jahr. Er beginnt und endet mit dem Neumond. Die Gläubigen dürfen zwischen Sonnenaufgang und Sonnenuntergang, dem Augenblick, »wo man einen weißen von einem schwarzen Faden unterscheiden kann«, wie es im Koran heißt, weder essen noch trinken, auch nicht rauchen oder schlecht über andere reden. Das Fastenbrechen wird in vielen Ländern mit Kanonenschüssen angekündigt.

Die Uhr tickt langsamer

Zwischen Fastenbeginn, *sohour,* und Fastenbrechen, *futour,* liegen je nach Jahreszeit bis zu zwölf Stunden. Es ist ein Monat, in dem das Leben langsamer wird, wichtige Entscheidungen werden auf die Zeit nach Ramadan vertagt. Vor Anbruch der Nacht sind die Straßen menschenleer. Zu Hause wartet man auf den Aufruf zum Gebet des Muezzin, der das Ende des Fastens ankündigt.

Danach wird gleich mit dem Essen begonnen. Heutzutage sind die Mahlzeiten im Ramadan meist besonders reichhaltig: Oft wird ein aufwändiges Mahl gereicht, das bis spät in die

Nacht dauert. Die Frauen verbringen mehrere Stunden am Tag damit, das Essen vorzubereiten. Früher war allerdings das Fastenbrechen eher karg, was dem ursprünglichen Sinn des Islams auch näher liegen dürfte. Wirklich Gläubige essen auch heute weniger und ernähren sich von Früchtetee, etwas Brot, einer dünnen Suppe und Datteln.

Ein gedeckter Tisch für alle

Im Fastenmonat wird das Almosengeben sehr ernst genommen. Reiche und bekannte Persönlichkeiten stiften Speisen für die Armen und Bedürftigen. Vor den Moscheen sind lange Tischreihen aufgebaut, an die sich jeder setzen kann, um verköstigt zu werden. Die Tradition, das Fasten gemeinsam zu brechen, verbindet die Menschen miteinander.

Für viele Arme ist der Ramadan die einzige Zeit im Jahr, in der sie mit Sicherheit ein gedeckter Tisch erwartet. Da die Nacht zum Tag gemacht wird, geht es in den Straßen lebhaft zu und erst spät in der Nacht kehrt Ruhe ein. Der Ramadan ist auch die Zeit, in der die Geselligkeit gepflegt wird und abends Verwandte und Freunde zum Essen eingeladen werden. Besonders am Ende des Ramadan, an dem das *A'id el fitr* gefeiert wird, das Fest des Fastenbrechens, kommen die Familien zusammen, um gemeinsam zu feiern. Man erfreut sich an besonders reichhaltigen und wohlschmeckenden Speisen, zu denen Tamarinden- oder Aprikosensaft getrunken wird und hinterher ein Reispudding, süßes Gebäck oder getrocknete Früchte genossen werden.

Noruz Fest

Im Iran wird das *Noruz*-Fest, das Neujahrsfest, am Tag der Tagundnachtgleiche gefeiert, dem 21. März. Die Sitte stammt noch aus der Zeit des Propheten Zarathustra. An diesem Tag verlagert dem Mythos nach der Stier, der die Welt auf seinen Hörnern trägt, die Weltkugel von einem Horn auf das andere. Um diesen Augenblick wahrzunehmen, werden Eier auf einen Spiegel gelegt, die anfangen leicht zu wackeln, sobald die Erschütterung der Verlagerung zu spüren ist. Neben den Eiern werden noch andere symbolische Gegenstände auf dem Tisch dekoriert: Kerzen, ein paar Münzen, Rosenblüten und ein lebender Goldfisch in einem Glas. Dazu kommen Lebensmittel, die alle mit einem »S« beginnen: *Sabzi* (Kräuter), *Sir* (Knoblauch), *Sumak* (Essigbaumgewürz), *Serkeh* (Essig), *Sib* (Apfel), *Sendscheh* (Lotusfrucht) und *Samanu* (Süßigkeiten). Auch die Gerichte, die an *Noruz* gegessen werden, dürfen nur aus Zutaten mit diesem Anfangsbuchstaben bestehen.

Symbolische Gegenstände

Zu vielen anderen religiösen und auch familiären Feiern, vor allem Hochzeiten, Geburten und Beschneidungsfesten, werden bestimmte, oft symbolische Gerichte gekocht, die besonders nahr- oder schmackhaft sind. Diese Feste haben eine lange Tradition und werden nach bestimmten Riten im Kreis der Großfamilie oder auch mit guten Freunden gefeiert.

Orientalische Gastlichkeit

Lebendige Tradition

Die Gastfreundschaft des Orients hat eine lange Tradition, sie stammt schon aus vorislamischer Zeit. In den Wüsten oder im kargen Hochland war es eine Überlebensnotwendigkeit für den Reisenden, von jedem aufgenommen zu werden. Durch den Islam wurde diese Tradition religiös unterfüttert. Die Gläubigen sollen Fremde großzügig und gastfreundlich aufnehmen, ein religiöses Gebot, das zu einer lebendigen Tradition geworden ist. Man kann im Orient zu jeder Tages- und Nachtzeit erscheinen und sicher sein, etwas Schmack- und Nahrhaftes serviert zu bekommen. Kein Kühlschrank, in dem nicht zahlreiche Speisen darauf warten, einem Gast serviert zu werden.

Für einen Besucher aus dem Westen, besonders wenn er zum ersten Mal im Orient reist, hat die Gastlichkeit etwas Überwältigendes. Jedem, der in einer Familie zum Essen eingeladen wird, sollte man den Rat geben, angemessene Kleidung zu tragen, denn schon nach Genuss der Vorspeisen werden Rock- und Hosenbund eng. Die Gastgeber lassen nicht locker, bis jeder von allem probiert und genossen hat, und kaum ist der Teller leer, wird schon wieder etwas aufgetan. Die Völlerei setzt sich fort. Niemals wird es nur ein Hauptgericht geben und niemals abgezählt für jeden eine Portion. Freundlich, aber hartnäckig wird man dazu gedrängt, noch ein bisschen hiervon und davon zu nehmen, bis man ermattet abwinkt und den Eindruck der absoluten Zufriedenheit erweckt. *Tislam ideki,* »Gott segne deine Hände«, dankt dann der höfliche und erschöpfte Gast der Hausfrau und er meint es auch so.

Zum Glück wird dann meist eine kleine Verschnaufpause bei einem Glas Tee eingelegt, dessen reinigende und verdauungsfördernde Wirkung eine Wohltat ist. Zum krönenden Abschluss werden triefend süße Leckereien serviert, mit einem starken Kaffee, der für die Stärkung von Herz und Kreislauf auch unabdingbar ist.

Hält man, zwischen echtem Genuss und gehörigem Anstand schwankend, ein solches Mahl durch, bedarf es kaum noch einer Willenskraft, den nächsten Tag zu fasten. Die orientalischen Gastgeber haben bestimmt für den folgenden Tag weitere Familienmitglieder eingeladen, um die reichlichen Reste zu essen. Leider nicht ohne Rückwirkung auf ihre Taillen. Aber während man es sich schmecken lässt, kann man ja ausgiebig über Diäten und Kuren reden, ein Thema, dem man sich mit fast derselben Inbrunst widmet wie dem Essen.

Glückliche Gäste

Das Austauschen der besten Rezepte und Zubereitungsarten ist ein beliebtes Thema unter Frauen. Die orientalische Küche mit ihren köstlichen, aber oft komplizierten Gerichten ist zeit- und arbeitsaufwändig und die Rezepte scheinen eigens dafür erfunden zu sein, die Frauen lange Zeit in der Küche zu beschäftigen – von den Männern, wie böse Zungen behaupten. Doch da die Männer andererseits im Orient selten in der Küche anzutreffen sind, waren es wohl doch die Frauen, die ihre Kreativität im Kochen ausgelebt haben – mit wundervollen Ergebnissen. Viele Rezepte, oft die leckersten, lohnen die Zubereitung nur, wenn viele Personen eingeladen sind. Bei Festen und Feiern wird man seine Gäste damit glücklich machen. Doch findet man natürlich auch Leckeres für Tête-à-têtes.

Über die Fleischgerichte hinaus soll in diesem Buch besonders die vegetarische Tradition der orientalischen Küche betont werden. Nun also Mut und Spaß beim Kochen und Genießen!

Aklah Ta'iba – Bi sahitein! (arabisch) – *Eschtehe chub!* (afghanisch) – *Nusché dshan!* (iranisch) – *Afiyet Olsun!* (türkisch)

Guten Appetit!

Typische Zutaten

Brik

Brik, wie sie in Tunesien, oder *Bstella,* wie sie in Marokko genannt werden, sind Teigtaschen, die in heißem Öl gebacken werden. Für die Füllungen kann man Gemüse, pikante Salate oder Frischkäse verwenden. Sie werden besonders während des Ramadan in unendlich vielen schmackhaften Varianten angeboten. Die Herstellung der hauchdünnen Blätter gehört zu den unnachahmlichen Künsten der nordafrikanischen Küche. Die Teigblätter werden auf großen, umgedrehten und völlig glatten Backblechen über dem Holzkohlengrill oder im Ofen gebacken. Dazu wird der Teig zu einer Kugel geformt, die man kurz auf das heiße Blech drückt. Dabei bleibt eine dünne Schicht Teig haften. So entstehen hauchdünne Schichten, die vom Blech abgelöst und übereinander geschichtet werden. Die Methode ist zeit- und arbeitsaufwändig und es bedarf großer Übung, damit sie gelingt.

Burghul, Bulgur

Burghul (türkisch *Bulgur*) ist wie Couscous ein Weizen-Grieß, der zu Gemüsegerichten gereicht wird und in der Türkei und in arabischen Ländern als Beilage serviert wird. Burghul hat ein leicht nussiges Aroma, das durch Zugabe von Butter noch gehoben wird. Er kann auch mit Gewürzen, Kräutern und anderen Beigaben für Füllungen von Gemüse verwendet werden (siehe Mahshi, Seite 150).

Burghul ist, anders als Couscous, einfach zuzubereiten, denn er ist bereits vorgekocht und wieder getrocknet. Es gibt ihn in verschiedenen Stärken, fein, mittel und grob geschrotet. Vor dem Kochen wird er unter heißem Wasser gespült oder kurz eingeweicht.

Butterschmalz

Im Orient bis hin nach Indien wird gerne mit geklärter Butter, dem Butterschmalz (arabisch *Samna*), gekocht, gebraten und gebacken. Butter wird in diesen Ländern traditionell wenig gegessen oder zum Kochen verwendet, da diese im heißen Klima bei oft ungenügender Kühlung wegen des hohen Wassergehalts sehr schnell verdirbt. *Samna* kann, meist in Dosen, ohne Kühlung über Monate aufbewahrt werden. Auf dem Land wird es häufig noch selbst gemacht.

Zum Backen des süßen Gebäcks nimmt man aber auch im Orient lieber frische Butter, da sie in Verbindung mit Süßem feiner schmeckt.

Zum Schmoren von Gemüse eignet sich Butterschmalz besser als frische Butter, denn man kann es stärker erhitzen und es wird weder braun noch entsteht Rauch. Die Gerichte bekommen außerdem einen runderen, angenehmeren Geschmack als mit einfachem Pflanzenöl. In der Türkei verwendet man auch das Hammelschmalz *Sizgit*. Heute wird wohl jeder das Butterschmalz fertig kaufen. Man kann es aber auch selbst klären: Butter wird in einem Topf langsam erhitzt und zum Kochen gebracht. Man köchelt sie etwa 15 Minuten und schöpft währenddessen den Schaum ab. Anschließend lässt man sie kurz abkühlen und gießt sie dann vorsichtig (ohne den Bodensatz, der sich gebildet hat) in ein Glas.

Couscous

Couscous, dem Burghul ähnliches Hartweizenschrot, das vorher angefeuchtet, vorgegart und anschließend getrocknet wird, ist ein typisches Gericht des Maghreb, der Region, die Algerien, Marokko und Tunesien umfasst.

Traditionell wird es im Siebeinsatz gedämpft. Couscous lässt sich mit Hülsenfrüchten und Gemüse zubereiten und wird nach Landessitte häufig scharf gewürzt. Es existieren aber auch Gerichte, in denen Couscous mit süßen Zutaten zusammen gekocht wird (siehe Seite 172).

Dattel

Die Dattel (arabisch *Tamr,* iranisch *Khorma,* türkisch *Hurma*) steht in den orientalischen Ländern auf der Beliebtheitsskala an erster Stelle. Aufzeichnungen belegen, dass die Babylonier schon vor 5.000 Jahren mit ihrer Kultivierung und Veredelung begannen. Von Mesopotamien aus trat die Dattel ihren Siegeszug über den gesamten Mittelmeerraum an, vor allem aber in die arabischen Länder.

Ihre Beliebtheit ist auch darin begründet, dass sie sich für die Kultivierung in wasserarmen Gegenden eignet. Sie verträgt das trockene Wüstenklima ohne Schwierigkeiten, denn gegen zu starke Sonneneinstrahlung vermag sie sich durch Hochstellen ihrer Blätter zu schützen. Ihren Feuchtigkeitsbedarf deckt sie durch das Grundwasser.

Die trichterartige Stellung der Blätter führt den eher selten fallenden Regen direkt dem Stamm zu, dessen elastische Konstruktion dem Baum eine große Widerstandskraft dem Wind gegenüber verleiht.

Die bis zu 30 Meter hohen Bäume werden bis zu 100 Jahre alt und erreichen ihre volle Tragkraft zwischen dem 20. und 80. Lebensjahr.

Die Dattelpalmen bieten eine breite Palette an Nutzungsmöglichkeiten: Die Früchte werden gegessen, die Blätter dienen als Rohmaterial für Flechtarbeiten und zum Decken der Häuser, der Stamm findet als Bauholz Verwendung. Eine Palme liefert bis zu 50 Kilogramm Datteln pro Jahr. Datteln sind allein aufgrund ihres Zuckergehalts von 20 Prozent bei frisch gepflückten und 60 bis 70 Prozent bei Exportfrüchten besonders nahrhaft. Da sie darüber hinaus über viele Vitamine verfügen, sind sie ein wichtiges Nahrungsmittel, das zudem konserviert werden kann.

Harissa

Eingelegter Chilipfeffer ist eine besonders in nordafrikanischen Ländern sehr beliebte scharfe Würzsauce. Zerhackter Chili wird mit Öl, Tomatenmark und Salz vermischt. Die Mischung lässt sich in einem Glas gut gekühlt länger aufbewahren und wird zum Schärfen von Speisen benutzt.

Joghurt

Joghurt *(Yoğurt)* stammt, wie auch die Bezeichnung, aus der Türkei. Von dort breitete er sich in die arabischen Länder und über Griechenland und den Balkan nach Mitteleuropa aus. Ursprünglich wurde er aus Ziegen-, Schafs- und Büffelmilch gewonnen. Man setzte der Frischmilch Milchsäurebakterien zu und brachte sie durch Eindampfen zum Eindicken.

Das arabische Wort für Joghurt, *Laban,* gab dem Lab seinen Namen, einem Enzym aus Kälbermägen, das die Milch gerinnen lässt. So entsteht Kasein, woraus der Käse gewonnen wird. Bei den Ägyptern und Sumerern wurde auf diese Weise schon vor 2.000 Jahren Frischkäse hergestellt.

Joghurt wird im Orient nicht nur roh oder süß gegessen, sondern auch als Beilage zu herzhaftem und scharfem Essen. Sein säuerlicher und aromatischer Geschmack macht ihn, mit Wasser und etwas Salz vermischt, sogar zu einem erfrischenden Getränk.

In der orientalischen Küche, die keine Saucen mit süßer oder saurer Sahne kennt, wird Joghurt auch gerne zu Gemüsegerichten gegeben. Orientalische Rezepte, in denen Sahne benutzt wird, sind meist unter europäischem Einfluss entstanden. Nur süße Sahne wird, wie bei uns, sehr gerne zu Kuchen und Süßspeisen gegessen.

Die Wirkung des Joghurts ist dem Orient seit Jahrhunderten bekannt. Seine Milchsäurebakterien verbessern die Darmflora und wirken ausgleichend und verdauungsfördernd. Seine

Heilwirkung wird auch äußerlich eingesetzt, zum Beispiel bei Sonnenbrand und leichten Hautentzündungen. Im Orient wurde Joghurt auch als klärendes und hautreinigendes Mittel zur Schönheitspflege genutzt.

In vielen Haushalten, vor allem auf dem Land, wird Joghurt noch selbst aus Schafs-, Ziegen- oder Kuhmilch hergestellt. Seit Jahrhunderten wird er nach derselben, sehr einfachen Methode zubereitet. Das Rezept ist unter Vorspeisen zu finden (Seite 50).

Kunafa

Kunafa wird aus feinsten Teigfäden gebacken, die mit Butter und Zucker gesüßt und mit verschiedenen Nüssen, Mandeln oder auch Pistazien gefüllt werden. In arabischen Ländern kann man *Kunafa* bei den so genannten Zuckerbäckern frisch kaufen. Diese sind Künstler im Anfertigen der Teigfäden. Den dünnen Teig füllen sie in ein Gefäß mit kleinen Löchern, durch das er auf ein heißes Blech rinnt, das von unten befeuert wird und sich dreht. Die Teigfäden haften nur kurz am Backblech und werden dann sofort mit einem langen Pfannenheber heruntergenommen. Bei uns kauft man die Teigfäden fertig abgepackt im türkischen oder arabischen Laden. Sie sind nicht ganz so gut wie die frischen, doch wird das durch die anderen köstlichen Zutaten mehr als aufgewogen.

Oliven

Oliven sind nicht gleich Oliven. Die zahlreichen Sorten (arabisch *Zaitoun*) unterscheiden sich in Größe und Farbe, in Geschmack und Ölgehalt: Die grünen werden noch unreif gepflückt, während man die schwarzen am Baum reifen lässt; andere Färbungen resultieren aus anderen Pflückzeiten.

Die grünen Oliven werden grundsätzlich anders als schwarze behandelt, da ihnen zunächst der bittere Geschmack entzogen werden muss. Kleine, billige Oliven werden zu Öl gepresst;

die Kerne dienen in den arabischen Ländern im Winter auch zum Heizen.

Besonders mit Kräutern und Gewürzen eingelegte Früchte gelten als schmackhafter Imbiss. So findet man auf den Märkten des Orients unendliche Varianten eingelegter Oliven, die einem die Auswahl schwer werden lassen.

Olivenöl

Öl ist ein Hauptbestandteil aller Kochvorgänge. Gebräuchlich ist Pflanzenöl, da es billig ist; im Mittelmeerraum wird hauptsächlich Olivenöl (arabisch *Zait zaitoun*) verwendet. Neben den Anbaubedingungen – Klima und Bodenbeschaffenheit – entscheidet die Art der Pressung über seine Qualität. Die erste, kalte Pressung ergibt ein hellgelbes bis grünliches Öl, das wegen seines feinen Geschmacks als das beste gilt. Es wird oft als »jungfräuliches Öl« bezeichnet. Aus der zweiten Pressung stammt das gängige helle Olivenöl, das in seinem Geschmack weniger aromatisch ist.

Rosen- und Orangenwasser

Blüten und deren Extrakte zum Kochen zu verwenden ist in Europa nicht mehr sehr gebräuchlich. Im Orient, wo noch heute kaum ein Unterschied zwischen Blumen und Gewürzen gemacht wird, hat sich diese Tradition erhalten. Sie wurde von den alten Griechen, Römern und Azteken ebenso praktiziert wie bei uns im Mittelalter und zur Zeit der Renaissance. Auch Gewürznelken sind nichts anderes als getrocknete Blumenknospen und Safran nichts anderes als getrocknete Blütennarben. In alten Kochbüchern sind auch bei uns noch Rezepte zu finden, in denen Blüten verwendet werden, etwa in Rosen- oder Veilchenmarmelade.

Rosenwasser fällt bei der Gewinnung von Öl an, das aus Rosenblättern der Damaszenerrose gewonnen wird. Aus 10 Kilogramm Blättern werden nur etwa 3 Gramm Rosenwasser gewonnen. Das natürliche Rosenöl ist eines der teuersten Parfümöle, die es gibt. Es ist stark duftend und sollte nur sehr vorsichtig und tröpfchenweise verwendet werden.

Orangenwasser, käuflich zu erwerben in türkischen oder arabischen Läden oder in der Apotheke, wird aus Orangenblüten gewonnen und ähnlich verwendet wie Rosenwasser. Es wirkt herzstärkend und harmonisierend. Süßspeisen werden in den arabischen Ländern sehr gerne unter Zusatz von Orangen- und Rosenwasser zubereitet. Man sollte aber wegen des starken und ungewohnten Aromas sparsam damit umgehen.

Tahina

Den Geschmack der Tahina, einer dicken, sandfarbenen Creme, bestimmt der Sesam. Tahina ist der fetthaltige Rückstand, der bei der Gewinnung von Sesamöl übrig bleibt. In Gläser abgefüllt, ist er in jedem türkischen oder arabischen Laden zu kaufen. Wenn sich Öl abgesetzt hat, ist das kein Zeichen von mangelhafter Qualität; die Tahina muss dann vor dem Benutzen aufgerührt werden.

Wegen seines cremigen und leicht nussigen Aromas gilt Tahina in der Türkei und in arabischen Ländern als beliebte Zutat. Am bekanntesten ist die Tahinasauce, für die Tahina mit Wasser und Zitronensaft verrührt und mit Pfeffer, Salz, Knoblauch, Kreuzkümmel et cetera gewürzt wird.

Tahina lässt sich aber auch mit verschiedenen, vorher pürierten Gemüsen, zum Beispiel Kichererbsen und Auberginen, vermischen (siehe Tahinasauce [Seite 96], Hommos [Seite 47] und Auberginenpüree [Seite 52]).

Typische Gewürze

Viele der hier genannten Gewürze sind nicht überall zu bekommen. Man findet sie am ehesten in türkischen oder arabischen, manchmal auch in asiatischen Läden. Manches wird auch in Reformhäusern oder in der Apotheke angeboten. Wenn man ein Gewürz nicht findet, kann man versuchen es durch ein ähnliches zu ersetzen oder darauf zu verzichten.

Baharat Gewürzmischung

Diese Gewürzmischung ist meist aus Kreuzkümmel, Nelken, Muskat, Zimt, Koriander und schwarzem Pfeffer zusammengestellt. Oft wird Paprika hinzugefügt, um eine schöne rote Farbe zu gewinnen. Man kann die Gewürzmischung in arabischen oder indischen Läden kaufen.

Berberitzen

Berberitzen (iranisch *Sereschk*), auch unter dem Namen Sauerdorn bekannt, werden bei uns häufig als Hecken oder Ziersträucher angepflanzt. Diese Sorte ist aber oft giftig.

In der persischen Küche werden die roten Beeren der ursprünglichen, verdaulichen Sorte wegen ihres säuerlichen Geschmacks gerne verwendet. Bei uns hat man früher Marmeladen daraus gekocht. Die Beeren wurden ebenfalls zu Likör verarbeitet. Man kann auch Tee aus den getrockneten Beeren bereiten. Noch besser aber schmecken reife Beeren und Zimt als Würze für den schwarzen Tee.

Berberitzen sind antiseptisch und entgiftend. Man verwendete sie früher bei Leber- und Gallenleiden sowie bei Magenbeschwerden.

Bockshornklee

Bockshornklee (arabisch *Hulba, Hilbeh,* iranisch *Shambelilé* [Blätter], türkisch *Keçi Boynuzu*) wächst wild vom Mittelmeergebiet bis nach Ostasien. Die Samen haben einen bitteren und aromatischen Geschmack. Sie werden ohne Fett geröstet.

(Beate Engelbrecht und Judith Schuler)

▲ Auf den Märkten wird der Besucher von Düften und Farbenpracht schier überwältigt.

(ansichtssache.de)

▲ Marktladen in den Souks von Marrakesch (Marokko)

▲ Ein reizvoller Anblick: die Kontraste zwischen den Wüstenlandschaften und den Oasen.

▲ Der Fischmarkt: Zeit für ein Späßchen ist immer.

Als Gewürz ist Bockshornklee von alters her in Gebrauch. Vielen ist der Geschmack allerdings zu intensiv. Im Orient und in Indien werden Bockshornkleesamen häufig in vegetarischen Gerichten verwendet, besonders im Iran, wo auch die Blätter zum Kochen benutzt werden.

Bockshornklee wirkt galletreibend und ist verdauungsfördernd.

Essigbaumgewürz

Das Essigbaumgewürz (arabisch *Sumach*, iranisch *Sumagh*, türkisch *Sumak*) hat einen herben, säuerlichen Geschmack und wird aus Samen der zerstoßenen Früchte gewonnen. Der Essigbaum kann bis auf die Größe eines Busches oder eines mittelgroßen Baums heranwachsen. Er ist in Asien und im Mittelmeerraum heimisch.

Das Gewürz wird im Iran, im Libanon, Syrien und Palästina zum Würzen von Salaten, einigen Gemüsesorten und Linsengerichten verwendet. Die Mischung mit Thymian und Sesamkörnern heißt *Satar*. In Palästina und Syrien wird sie auf Fladenbrot mit Olivenöl gestreut und kalt gegessen oder zusammen mit dem Brot wie auf einer Pizza mitgebacken. Im Iran wird sie sehr gerne Suppen zugefügt.

Die Samen haben eine erfrischende und harntreibende Wirkung. Der verdünnte Saft kann bei Angina als Gurgelmittel verwendet werden. Ähnlich wie Tannin hat es eine adstringierende Wirkung bei Durchfall.

Gewürznelken

Die süßlichen Nelken (arabisch *Kurnful*, iranisch *Mikhak* oder *Nebos*, türkisch *Karanfil*) stammen von einem kleinen, immergrünen Baum mit großen Blättern. Der gesamte Baum riecht stark aromatisch. Nach Europa kam das Gewürz etwa im fünften Jahrhundert. Man verwendet die getrocknete Blüte. Nelken werden in der orientalischen Küche häufig mit Piment kombiniert.

In Europa sind Nelken fast ausschließlich ein Gewürz für Süßspeisen; in der arabischen Küche, besonders im Libanon, werden damit aber auch Gemüsegerichte gewürzt.

Es ist ein höchst wirksames Mittel gegen Blähungen, das auch bei träger Verdauung und Appetitlosigkeit eingesetzt wird. Nelkenöl ist lokal angewendet keimtötend und somit antiseptisch, bei Zahnschmerzen auf das Zahnfleisch gerieben schmerzstillend oder eingenommen hustenlösend.

Ingwer

Ingwer (arabisch *Janzabil*) ist die Bezeichnung für den knolligen Wurzelstock einer südostasiatischen Staudenpflanze, die grünlich gelbe Blütenähren hervorbringt. Die bis zu zehn Zentimeter langen graubraunen Wurzelstücke werden geschält oder ungeschält getrocknet und kommen stückweise oder pulverisiert in den Handel. Ihr Geschmack ist scharf und süßlich.

Schon vor Christi Geburt war er im Mittleren Osten zu finden und trat von hier aus seinen Weg nach Europa an. Im Mittelalter war Ingwer ein beliebtes Gewürz. Heute wird er in China, Indien, Japan und Indonesien angebaut, vor allem aber auf Jamaika, in Westafrika und Australien. Er benötigt ein feuchttropisches Klima, um zu gedeihen.

Wegen seines süß-würzigen Geschmacks wird Ingwer im Orient meist für Süßspeisen und süße Getränke verwendet. Das Ingwergetränk *Sharab Janzabil* wird bereits im Koran erwähnt. In der maghrebinischen Küche würzt man mit dem Pulver oder der frischen Wurzel auch Gemüse.

Ingwer war früher ein weit verbreitetes Heilmittel gegen Darm- und Herzbeschwerden, das erst vor kurzem bei uns wiederentdeckt wurde.

Kardamom

Kardamom (arabisch *Hab al hal* oder *Hel,* iranisch *Hel,* türkisch *Kakula*) gehört zu den Ingwergewächsen und stammt ursprünglich aus Indien, wo auch der europäische Name seinen Ursprung hat. Seine Früchte, die kleinen hellgrünen Kardamomkapseln, enthalten dunkelbraune Samen, die ein kräftig-blumig-scharfes Aroma absondern. Kardamom ist eine Staudenpflanze, die bis zu vier Meter hoch wird. Seit Jahrhunderten wird Kardamom in Indien und den arabischen Ländern zum Würzen benutzt; in Europa wurde es erst im Mittelalter bekannt und findet beim Backen und für Süßspeisen Verwendung.

Im Orient wird Kardamom auch zum Würzen von Reis- und Gemüsegerichten benutzt. Arabische Länder setzen ihn dem Kaffee zu; der Iran auch dem Tee, der dadurch einen aromatischen Geschmack annimmt.

Kardamom wird als Mittel gegen Blähungen, Verdauungsstörungen und Koliken verwendet, meist in Verbindung mit anderen Heilmitteln. Die Kapsel kann im Mund zerkaut werden, wobei der Geschmack nicht unangenehm, aber recht scharf ist.

Knoblauch

Knoblauch ist weltweit eines der beliebtesten Gewürze und findet Eingang in fast alle Küchen. Es ist bekannt, dass die Arbeiter zum Bau der ägyptischen Pyramiden ihre tägliche Knoblauchration erhielten, und auch die Bibel erwähnt die Knolle als Nahrung. In Europa ist Knoblauch seit den Tagen des Römischen Reiches ein gebräuchliches Gewürz und im Fernen Osten war er bereits bekannt, bevor die Europäer dorthin kamen. Im Zeitalter der großen Seereisen wurde er auch in Afrika und in Nord- und Südamerika rasch bekannt und beliebt.

Im Mittelmeerraum gibt es viele auf rohem Knoblauch basierende Saucen: etwa das türkische *Çaçık,* eine erfrischende Suppe aus Joghurt,

Gurken, Pfefferminze und Knoblauch. Zahlreiche weitere Vorspeisen der westasiatischen Küchen enthalten etwas rohen Knoblauch.

Roher Knoblauch kann auch in Essig oder Olivenöl eingelegt werden, wobei er einen Teil seines Aromas an die Flüssigkeit abgibt und daher milder wird. Auch Kräuteressig enthält meist etwas Knoblauch.

Viel verbreiteter ist aber die Verwendung von gebratenem oder gekochtem Knoblauch. Beim Erhitzen verliert er die Schärfe und auch den starken Geruch, sein Aroma wird zarter und weniger dominant; dann harmoniert er hervorragend mit Ingwer, Pfeffer, Chilis und vielen anderen Gewürzen. Daher ist Knoblauch eine wesentliche Zutat für fast jede Küche der Welt.

Koriander

Koriander (arabisch *Kuzbara,* iranisch *Geschnis,* türkisch *Kişniş*) stammt aus Asien und ist dort und in der Küche des Orients seit Jahrhunderten beliebt. Heute ist Koriander auch in Mittelmeerländern heimisch. Das feine, glatte Kraut wird 30 bis 40 Zentimeter hoch und ähnelt im Aussehen der Petersilie. Es hat weiße, doldenähnliche Blüten. Auch in nördlichen Regionen ist es möglich, Koriander anzubauen; er benötigt aber ein gleichmäßig warmes Klima. Das Kraut hat einen intensiven, prägenden Geschmack und wird gerne für Salate, Suppen, Fisch und Saucen verwendet. Zum Würzen eignen sich aber auch die gemahlenen braunen Samen, die Pfefferkörnern ähneln.

Dem Koriander wird eine verdauungsfördernde und anregende Wirkung zugeschrieben, außerdem soll er gut gegen Blähungen sein. Als Pulver wird er häufig zur Geschmacksverbesserung anderen Verdauungsmitteln zugesetzt.

Kreuzkümmel

Kreuzkümmel (arabisch *Kamoun,* iranisch *Sireh,* türkisch *Kimyon*) hat einen starken, scharfbitteren Geschmack und erinnert im Geruch an Kampfer. Er stammt von einer einjährigen Pflanze, die etwa 30 Zentimeter hoch wird. Die Blätter ähneln denen des Fenchels, die Blüten sind weiß oder rosa. Einige Quellen besagen, dass Kreuzkümmel ursprünglich aus Turkestan stammt, andere behaupten, aus Oberägypten. Schon früh war er in Indien, China und den arabischen Ländern verbreitet, später auch im Mittelmeerraum.

Das Kreuzkümmelpulver verwendet der Orient etwa so häufig wie wir den Pfeffer. Salate, Saucen und Gemüsegerichte werden damit gewürzt. Kreuzkümmel wird in der orientalischen Küche immer gemahlen verwendet, nicht wie in Indien, wo auch der ganze Samen zum Kochen genommen wird.

Kurkuma (Gelbwurz)

Der Gelbwurz (arabisch *Kurkum,* iranisch *Sardschubé,* türkisch *Safranı*) stammt aus Süd- und Südostasien und wird heute in China, Indien und Indonesien angebaut. In seiner Abstammung ist Gelbwurz dem Ingwer verwandt und wächst als niedrige Staude mit lanzenförmigen Blättern und blassgelben Blüten. Die Wurzeln sind knollig und fingerförmig. Bevor sie auf den Markt kommen, werden sie gekocht, geschält und getrocknet.

Gelbwurz wird wegen seiner tieforangenen Farbe eingesetzt, um Speisen gelb zu färben. Es ist ein Hauptbestandteil des Currypulvers, das im Süden Irans benutzt wird, kann wegen seines bitteren Geschmacks aber nur in kleinen Mengen zum Würzen von Speisen herangezogen werden. Im Iran wird Kurkuma zusammen mit Zwiebeln in Öl angebraten und Gemüsespeisen zugesetzt. Er ist außerdem Bestandteil der süßen *Arwieh*-Gewürzmischung.

Der Gelbwurz ist mild aromatisch, findet in der Medizin als Leber- und Gallenmittel Verwendung und wird Heilmitteln auch allein seiner Farbe wegen beigemischt.

Pfeffer

Für die Inder ist der Pfeffer (arabisch *Filfil*) der »König der Gewürze«. Schon 1.000 Jahre vor unserer Zeitrechnung wurde er dort genutzt und später von Alexander dem Großen nach Europa gebracht. Pfeffer hat Kulturgeschichte geschrieben, seinetwegen wurden Kriege geführt und Menschenleben geopfert.

Lange Zeit beherrschten die Araber den Gewürzhandel und brachten neue Rezepte zur Entfachung der Liebeslust ins Abendland.

Piment

Piment (arabisch *Bohar* oder *Baharat,* iranisch *Felfelé tond,* türkisch *İngliz biberi*) stammt vom Pimentbaum, der zu den Myrtengewächsen gehört und in Westindien und Mittelamerika wächst. Er wird bis zu zehn Meter hoch und hat immergrüne, leuchtende Blätter. Seine süßscharfen Beeren, die vor der Reife gepflückt und getrocknet werden, sind bei uns auch unter dem Namen Nelkenpfeffer bekannt. Sie werden im Orient häufig in einer Mischung mit Nelken, Zimt und Muskat bei Süßspeisen verwendet. Aber auch Gemüse wird mit Piment gewürzt.

Roter Chili

Getrocknete Chilischoten haben unterschiedliche Schärfe und besitzen einen süßlichen Beigeschmack. Grüne Schoten sind weniger scharf als gelbe und rote, die am reifsten und damit auch am stärksten sind. Chili (arabisch *Filfil har,* türkisch *Acı kırmızı bibe*) stammt ursprünglich aus Südamerika und wurde dort schon lange vor dem erstem Erscheinen der Europäer verwendet.

Gemahlen wird nur der rote Chili, der Reisenden von orientalischen Märkten bekannt ist, wo er wegen seiner leuchtenden Farbe zwischen all den anderen Gewürzen auffällt. Er ist wegen seiner Schärfe ebenso beliebt wie wegen seiner Farbe.

Aufgrund seines relativ hohen Gehalts an Zucker darf Chilipulver nicht zu stark erhitzt werden, es wird sonst bitter. Das Erhitzen in Öl darf nur Sekunden dauern.

Safran

Safran (arabisch *Za'faran*, iranisch *Safran*, türkisch *Safran*), ein traditionelles Gewürz, wird verwendet wegen seines zarten Aromas und seiner kräftigen Farbe, die den Speisen einen appetitanregenden gelben Farbton gibt. Original Safran ist heute sehr teuer, da seine Ernte arbeitsintensiv und die Ausbeute gering ist.

In Indien war Safran ebenso geschätzt wie im alten Griechenland, wo Götter und Helden in safranfarbenen Gewändern auftraten. Auch war sein Geruch so beliebt, dass Theater und Empfangshallen mit Safranwasser ausgespritzt und Kissen mit Safranfäden gefüllt wurden. Der Safran verbreitete sich durch die arabische Eroberung bis nach Spanien, wo es eine wichtige Zutat für die Paella wurde.

Safran wird nach der Ernte getrocknet und zum Teil pulverisiert. Besser schmecken jedoch die Safranfäden, die man selbst im Möser zerdrückt. Sie werden in heißem Wasser aufgelöst, damit sich das Aroma entfalten kann.

Safran hat schweißtreibende Wirkung, wirkt beruhigend auf den Verdauungstrakt und wird außerdem gegen Menstruationsbeschwerden eingesetzt.

Schwarzer Kreuzkümmel

Die kleinen schwarzen Samen des Kreuzkümmels (arabisch *Habbet-A-Sauda*, türkisch *Çörek Otu*) werden auf Weißbrot und Kuchen gegeben. Besonders in der Türkei, in Syrien und im Libanon ist dieses Gewürz beliebt. Manchmal wird auch Käse damit gewürzt.

Durch Destillation wird aus dem Samen Öl gewonnen. Er wirkt anregend und entkrampfend. Früher wurde seine Wirkung gegen Blähungen höher eingeschätzt als die von Fenchel.

Zimt

Zimt (arabisch *Kirfa,* iranisch *Darschin,* türkisch *tarçın)* ist ein aromatisches, süßes Gewürz mit einem intensiven Geruch. In europäischen Ländern wird es nur zum Würzen von Süßspeisen und Gebäck verwendet, in arabischen Ländern auch für Gemüsegerichte und im Iran für Linsen- oder Möhren-Pollo (Seite 168). Zimt ist als Stange oder gemahlen zu kaufen. Die Zimtstangen gewinnt man aus der Innenschicht der Rinde des Zimtbaums. Der immergrüne, bis zu zwölf Meter hohe Zimtbaum wächst in Südostasien und Australien; die wohlschmeckendste Art stammt aus Sri Lanka. Er braucht ein gleichmäßig warmes Klima und hohe Feuchtigkeit. Die abgeschälte Baumrinde rollt sich beim Trocknen ein. Wie viele andere Gewürze gelangte Zimt über die Gewürzstraßen nach Europa und wurde schnell sehr beliebt.

Neben seiner Wirkung gegen Blähungen und Übelkeit ist Zimt adstringierend, anregend und antiseptisch. Es wird meist in Kombination mit anderen Heilmitteln eingesetzt.

Maße und Abkürzungen im Rezeptteil

EL	Esslöffel
TL	Teelöffel
g	Gramm
kg	Kilogramm
l	Liter
ml	Milliliter

1 Teelöffel Salz, Zucker: 8 g
1 Teelöffel Pfeffer, Paprika: 6 g
1 Teelöffel Minze: 4 g

1 Esslöffel Joghurt: 12 g
1 Esslöffel Mehl: 12 g
1 Esslöffel Öl, Zitronensaft: 10 cl
1 Esslöffel Zucker, Salz: 16 g
1 Esslöffel Minze: 8 g

1 Tasse Reis: 170 g
1 Tasse Kichererbsen: 120 g
1 Becher Joghurt: 150 g

Wenn nicht anders angegeben, sind Tee- und Esslöffel gestrichen gefüllt.

Alle Rezepte mit Ausnahme der Saucen und Getränke sind, sofern nicht anders angegeben, für vier Personen berechnet.

Vorspeisen

Die orientalische Kochfantasie hat sich besonders in den Vorspeisen entfaltet. Am reichsten ist die libanesische Küche mit angeblich über 99 verschiedenen Mezze.
Jedes gute arabische Lokal bietet eine vielfältig zusammengestellte Auswahl an Vorspeisen, die in kleinen Tonschüsselchen serviert liebevoll dekoriert den Tisch zieren und allein schon dem Auge ein Genuss sind. Hat man von all den Köstlichkeiten probiert, ist man meist bereits gesättigt, bevor der Hauptgang überhaupt serviert werden konnte.
Die Zubereitung der Vorspeisen bereitet viel Arbeit, aber auch Spaß, und letztlich entschädigt der Genuss für die Mühe. Zu den Vorspeisen reicht man arabische Fladenbrote. Nach Landessitte nimmt man damit die Pürees, Dips und Salate auf. Ganz zu Beginn des Essens wird als Appetitanreger oft etwas rohes Gemüse auf den Tisch gestellt: Im Iran sind es milde Zwiebeln, in arabischen Ländern Möhren, Gurken, Lauchzwiebeln und Radieschen.
Die bekanntesten klassischen Vorspeisen sind Hommos (Kichererbsenmus), Muhamra (Walnüsse mit rotem Pfeffer), Babaghanoug (Auberginenpüree) und Fatayer (gebackene Teigtaschen) mit Schafskäse oder Spinat. Mast-e-Khiar mit Walnüssen aus dem Iran ist eine Variante des im gesamten orientalischen Raum beliebten Gurkenjoghurts, ebenso wie die türkischen Dolmada kiya, die gefüllten Weinblätter.
Eine Abgrenzung von Vorspeisen und Salaten ist im arabischen Raum schwer zu ziehen. Manche Vorspeisen heißen Salata, die wir nach unserem Empfinden nicht als Salate bezeichnen würden. Andererseits sind Tabouleh (Petersiliensalat)und Fattoush (Brotsalat), die im Kapitel »Salate« zu finden sind, typische Vorspeisen. Ebenso werden Falafel, unter Gemüsegerichte zu finden, als Vorspeise serviert, wie etwa auch der ägyptische Foul (Bohnentopf).

Sesamsauce
Salata tahina (arabische Länder) / Tahin (Türkei)

Tahina ist eine Sesampaste, die bei der Gewinnung des Sesamöls zurückbleibt. Sie schmeckt leicht nussig und wird bei vielen Gerichten zur Verfeinerung und Abrundung dazugerührt.

1 Tasse Tahina (Seite 31)
2-4 EL Zitronensaft
1 Prise Chilipulver
nach Geschmack: gemahlener Kreuzkümmel

Die Tahina nach und nach mit Zitronensaft und 1/2 bis 1 Tasse Wasser anrühren – dabei ist zu beobachten, dass die Tahina erst dicker wird, schließlich aber wieder dünner, bis eine dickflüssige Sauce entsteht. Die Gewürze untermischen. Die Sauce 30 Minuten in den Kühlschrank stellen, damit sich der Geschmack entwickelt.

Etwas dünner angerührt kann Tahinasauce auch zu Fisch als Sauce serviert werden.

Sesamsauce mit Petersilie
Salata tahina bil ba'dunis (arabische Länder) / Maydanozlu Tahin (Türkei)

1 großes Bund Petersilie
2 Knoblauchzehen
1 Tasse Tahina (Seite 31)
2-4 EL Zitronensaft
1 Prise Chilipulver
nach Geschmack: gemahlener Kreuzkümmel

Die Petersilie fein hacken. Den Knoblauch mit etwas Salz im Mörser zerstoßen. Die Tahina nach und nach mit Zitronensaft und 1/2 bis 1 Tasse Wasser anrühren – dabei ist zu beobachten, dass die Tahina erst dicker wird, schließlich aber wieder dünner, bis eine dickflüssige Sauce entsteht. Die Gewürze untermischen, Petersilie und Knoblauch unterrühren.

Variante
Statt der Petersilie einen Becher Joghurt untermischen.

Walnüsse mit rotem Pfeffer
Muhamra (Libanon)

100 g Walnusskerne
100 g Pinienkerne
1 Lauchzwiebel
8 Radieschen
1 Knoblauchzehe
2 rote Chilischoten
2 EL Olivenöl
rotes Chilipulver

Diese Vorspeise ist besonders in ostarabischen Ländern beliebt und wird dort sehr scharf zubereitet. Durch die Mischung von Nüssen und scharfem Chili entsteht ein ungewöhnlicher, sehr reizvoller Geschmack.

Walnüsse und Pinienkerne in der Küchenmaschine zerkleinern oder mit dem Messer fein hacken. Lauchzwiebel und Radieschen hacken. Den Knoblauch mit etwas Salz im Mörser zerstoßen, die Chilischoten ebenfalls im Mörser zerstoßen.
In einer Pfanne 1 EL Öl erhitzen, Knoblauch und Chilischoten kurz anbraten. Pinienkerne und Walnüsse beifügen, 1 EL Öl zugeben und alles weitere 2 Minuten schwenken. Lauchzwiebel und Radieschen kurz unterrühren, die Pfanne vom Herd nehmen. Mit Chilipulver und Salz würzen. In eine Schüssel geben und abkühlen lassen.

Kichererbsenmus mit Sesamsauce

Hommos bil tahina (arabische Länder) / Humus (Türkei)

Die Vorspeise aus Kichererbsen ist bekannt zwischen Ägypten und der Türkei. Durch den Zusatz von Tahina wird sie schön sämig und entwickelt einen reicheren Geschmack.

am Vortag beginnen
für 6-8 Personen

400 g Kichererbsen
1/2 TL Backpulver
4-6 Knoblauchzehen
1/2 Tasse Tahina (Seite 31)
1/2 Tasse Zitronensaft oder Wasser, je nach Geschmack
einige Oliven
Paprikapulver
Olivenöl
nach Geschmack: 1/2-1 TL gemahlener Kreuzkümmel

Die Kichererbsen über Nacht in reichlich kaltem Wasser einweichen.
Am nächsten Tag abgießen, mit frischem Wasser und Backpulver aufkochen, dabei den Schaum abschöpfen. Bei schwacher Hitze ein bis anderthalb Stunden kochen, bis die Kichererbsen weich sind.
Wasser abgießen, dabei einen Teil auffangen. Ein paar Kichererbsen zum Garnieren zur Seite legen, den Rest im Mixer pürieren. Knoblauch im Mörser zerstoßen. Tahina mit Zitronensaft verrühren, Knoblauch und Kreuzkümmel zugeben. Alles dem Kichererbsenbrei zugeben und vermischen. So viel Kochwasser dazurühren, dass ein geschmeidiger Brei entsteht.
Auf einer flachen Platte verteilen und glatt streichen. Mit ganzen Kichererbsen und Oliven garnieren, gitterförmig mit Paprika bestreuen und mit etwas Öl übergießen.

Hommos-Püree

am Vortag beginnen

1 Tasse Kichererbsen
1 mittelgroße Zwiebel
4 EL Olivenöl
1-2 fein gehackte Knoblauchzehen
1/4-1/2 TL Kurkuma
1/2 Zitrone oder Limone (Saft)

Dieses Püree ist in vielen arabischen Ländern bekannt und wird immer beliebter. Durch die Zugabe von Zitrone und Kurkuma besitzt es einen fein aromatischen Geschmack. Letzterer gibt dem Gericht außerdem eine wunderbare Farbe.

Die Kichererbsen über Nacht in reichlich kaltem Wasser einweichen.
Am nächsten Tag abgießen, das Wasser auffangen. Die Zwiebel hacken. In dem Topf, in dem die Kichererbsen gekocht werden sollen, 2 EL Öl erhitzen und die Zwiebel glasig anbraten. Die Hitze reduzieren und den Knoblauch 1 Minute mitbraten. Kurkuma zugeben und alles mit 1/4 Tasse Kichererbsenwasser aufkochen.
Die Kichererbsen in den Topf geben, mit dem Rest des Kichererbsenwassers bedecken und bei schwacher Hitze etwa eine Stunde köcheln.
Wenn die Kichererbsen weich sind, das Wasser abgießen und wieder auffangen. Kichererbsen im Mixer oder mit dem Pürierstab pürieren, dabei etwas von dem Wasser zugießen, bis ein weicher Brei entsteht. Salz, Zitronensaft und, nach Geschmack, zerdrückten Knoblauch unterrühren und abschmecken.

Gurkenjoghurt
Cacık (Türkei)

Die Gurke fein raspeln oder in kleine Würfel schneiden und in einem Sieb abtropfen lassen. In einer Schüssel mit etwas Salz verrühren. Knoblauch mit Salz im Mörser zerstoßen und mit Joghurt vermischen. Gurke, Minze und Pfeffer zugeben, 30 Minuten kühl stellen.

1 kleine Gurke
1-2 Knoblauchzehen
2-3 Becher Joghurt
1-2 TL gehackte frische Minze

Diese Vorspeise, die bei uns als Zaziki bekannt ist, ist wegen ihres erfrischenden Geschmacks und der einfachen Zubereitung weit verbreitet und schmeckt auch als Beilage zu Gemüse- oder Reisgerichten sehr gut. Sie wird gerne zu gefüllten Weinblättern serviert.

Gurkenjoghurt mit Walnüssen und Rosinen
Mast-e-Khiar (Iran)

Die Rosinen kurz in heißem Wasser quellen lassen, dann abgießen und gut abtropfen lassen. Die Walnüsse fein hacken, den Dill ebenfalls hacken. Die Gurke fein raspeln oder in kleine Würfel schneiden und in einem Sieb abtropfen lassen. In einer Schüssel mit etwas Salz verrühren.
Knoblauch mit Salz im Mörser zerstoßen und mit Joghurt vermischen. Gurke, Minze und Pfeffer zugeben, 30 Minuten kühl stellen.
Die Zutaten unterrühren.

50 g Rosinen
50 g Walnusskerne
1 kleines Bund Dill
1 kleine Gurke
1 Knoblauchzehe
2-3 Becher Joghurt
1-2 TL gehackte frische Minze

Dicker Joghurt

Labne (ostarabische Länder) / Süzme Yoğurt (Türkei)

am Vortag beginnen

1 l Milch
2 EL fettreicher Joghurt
Gewürze nach Geschmack
etwas Olivenöl

In einem Topf Milch aufkochen, vom Herd nehmen und abkühlen lassen, bis sie lauwarm ist. Zum Prüfen der Temperatur einen Finger zehn Sekunden in die warme Milch tauchen: Ist das ohne unangenehmes Gefühl möglich, stimmt die Wärme.
In einem Schüsselchen den Joghurt mit 4 EL warmer Milch verrühren, zur restlichen Milch gießen und vorsichtig unterheben. An einem warmen Ort fünf bis sechs Stunden ruhen lassen – eventuell dazu den Backofen auf etwa 40° C erhitzen, wieder ausschalten und den Topf hineinstellen.
Wenn der Joghurt gestockt ist, 1 TL Salz einrühren. Ein Tuch in ein Sieb legen, den Joghurt hineingießen und das Sieb so aufhängen, dass die Molke abtropfen kann. Es dauert etwa einen Tag, bis sich cremiger Frischkäse gebildet hat. Nach Geschmack würzen und mit Öl beträufeln.

Variante
Diese schlichte Vorspeise schmeckt milde und passt gut zu pikanten Gemüsevorspeisen. Man kann sie aber auch mit Lauchzwiebeln, Knoblauch, Dill oder Paprika und Chili würzen. Im Libanon wird sie meist aus Ziegenmilch gewonnen, in anderen Ländern auch aus Schafsmilch. Sie schmeckt aber ebenso aus Kuhmilch sehr gut.

Als Vorspeise oder zum Frühstück mit Oliven oder auch mit Süßem genießbar. In Palästina isst man es auch gerne mit Sa'ater, einem Kräutergemisch aus Thymian, Essigbaumgewürz und Sesam.

Lässt man den Joghurt zwei Tage hängen, wird die Käsemasse so dick, dass man kleine Bällchen daraus formen kann. Dabei die Hände mit Olivenöl einfetten. Die Bällchen wieder in ein Tuch legen und weitere zwei Stunden abtropfen lassen.
Es gelingt nicht mit jedem Joghurt als Ausgangsprodukt, weiteren Joghurt herzustellen. Er muss noch aktive Bakterien enthalten. Wenn der erste Versuch nicht gelingen sollte, eine große Menge Joghurt kaufen und in ein Tuch hängen.

Schafskäse mit Tomaten und Paprika
Gibna baladi bi tamatem (Ägypten)

Eine schnell zubereitete Vorspeise, die auch eine Bereicherung des Abendbrottisches darstellt. Durch die Minze erhält sie den pikanten Geschmack.

200 g möglichst bröseliger Schafskäse
2 TL Olivenöl
2 TL Zitronensaft
1 Prise Chili- oder Paprikapulver
1-2 Tomaten
1-2 kleine, längliche Paprikaschoten
nach Geschmack: frische Minze

Den Schafskäse mit einer Gabel zerdrücken und mit Öl, Zitronensaft und Chili vermischen. Tomaten und die Hälfte der Paprika in feine Würfel schneiden und untermischen. Die restliche Paprika in Streifen schneiden.
Den Käse auf einer flachen Platte servieren, eventuell mit Minze und mit Paprikastreifen garnieren.

Auberginenpüree
Babaghanoug (Ägypten) / Mutabbal (Libanon)

1 große Aubergine
6-8 EL Tahina (Seite 31)
2-4 EL Zitronensaft
1 fein gehackte Knoblauchzehe
Chilipulver
gemahlener Kreuzkümmel

Babaghanoug ist eine der beliebtesten Vorspeisen des Orients und in fast allen Ländern anzutreffen. Seine Basis sind gebackene Auberginen, die dem Babaghanoug – auch wenn sie nicht verbrannt sind – einen leicht rauchigen, sehr aparten und appetitanregenden Geschmack geben, der sich mit dem nussigen Aroma der Tahina verbindet. Das Gericht ist ohne viel Aufwand herzustellen und eignet sich auch als Dip.

Die Aubergine an mehreren Stellen einstechen, damit sie nicht aufplatzt, und im Ofen bei 180° C etwa 30 Minuten backen.
Unter fließendem Wasser abkühlen und häuten. Das Auberginenfleisch zerkleinern und mit Tahina, Zitronensaft und Knoblauch mittels Pürierstab pürieren, bis ein weicher Brei entsteht. Mit Pfeffer und Salz, Chili und Kreuzkümmel abschmecken.

Gebackene Auberginen

Badinjan (Libanon)

für 6 Personen

2 mittelgroße Auberginen
3 Tomaten
2 milde Zwiebeln
4 Knoblauchzehen
1 EL brauner Zucker
2 TL gemahlener Kreuzkümmel
1 TL Paprikapulver
100 ml Olivenöl
1 Zitrone (Saft)
gehackter frischer Koriander

Die Auberginen schälen, in Würfel schneiden, in ein Sieb legen, mit Salz bestreuen und 30 Minuten Wasser ziehen lassen. Dann ausdrücken und auf saugfähiges Küchenpapier legen. Den Backofen auf 200° C vorheizen.
Die Tomaten in grobe Stücke, die Zwiebeln in kleine Würfel schneiden. In einer Schüssel alle Zutaten bis auf Tomaten, Zitronensaft und Koriander gut vermengen. In eine Backform geben und im Ofen etwa 40 Minuten garen, dabei zweimal umrühren. Dann die Tomaten zugeben und alles erneut garen, bis Auberginen und Tomaten weich sind.
Alles in eine Schüssel geben, mit Zitronensaft und Koriander vermengen. Abschmecken und kühl servieren.

Auberginenmus mit Ei

Mirsa Ghassemi (Iran)

für 6 Personen

800 g Auberginen
3-4 Eier
3-4 Tomaten
etwa 1 Tasse Öl
2 Knoblauchzehen
gehackter frischer Koriander

Die Auberginen an mehreren Stellen einstechen, damit sie nicht aufplatzen, und im Ofen bei 180° C etwa 30 Minuten backen.
Unter fließendem Wasser abkühlen und häuten. Das Auberginenfleisch in Würfel schneiden. Die Eier schlagen. Die Tomaten kurz in kochendes Wasser tauchen, häuten und klein schneiden.
In einer Pfanne Öl auf mittlere Hitze bringen und den zerdrückten Knoblauch anbraten. Tomaten, Auberginen und Koriander zufügen. Alles anbraten und unter ständigem Rühren schmoren, bis die Mischung andickt.
Pfeffern und salzen. Die Eimasse unterheben und stocken lassen. Warm oder kalt servieren.

Gebratene Auberginen, Paprika und Zucchini

Karışık Kızartma (Türkei)

für 6 Personen

2-3 Auberginen
3 Paprikaschoten (grün, rot und gelb)
2-3 Zucchini
1 Bund Petersilie
5 Knoblauchzehen
5 EL Essig
Öl zum Frittieren

Die Auberginen schälen und in 1/2 cm dicke Scheiben schneiden – bei kleinen Auberginen die Scheiben längs schneiden, bei großen die Scheiben halbieren. 30 Minuten in kaltes Salzwasser legen. Währenddessen die Paprika halbieren und entkernen, das weiße Fruchtfleisch entfernen, die Schote in breite Streifen schneiden. Die Zucchini leicht schräg in Scheiben schneiden; werden kleine Zucchini verwendet, diese längs aufschneiden.

Die Petersilie hacken. Den Knoblauch mit Salz im Mörser zerstoßen, mit Pfeffer und Essig vermischen, Petersilie hinzufügen.

Die Auberginenscheiben abspülen und ausdrücken. In einer Fritteuse Öl erhitzen und die Scheiben hellbraun braten. Herausnehmen, gut abtropfen lassen oder auf saugfähiges Küchenpapier legen. Mit Paprika und Zucchini auf gleiche Weise verfahren.

Alles auf einer Platte anrichten und mit Sauce beträufeln. Im Kühlschrank zugedeckt mindestens 30 Minuten durchziehen lassen.

Frittierte Zucchini
Agga bi kusa (Libanon)

6 kleine Zucchini
1 kleines Bund Petersilie
100 g Butter in Würfeln
2 fein gehackte Knoblauchzehen
100 g Mehl
4 Eier
Cayennepfeffer
Öl zum Frittieren
1 Zitrone

Die Zucchini grob würfeln, die Petersilie hacken.
In einem Topf mit 200 ml Wasser die Zucchini dämpfen, bis sie weich sind. Herausnehmen und zerdrücken.
In einem zweiten Topf Butter, Wasser und Knoblauch zum Kochen bringen, Mehl zugeben und mit einem Holzlöffel rühren, bis sich der Teig vom Boden löst – ähnlich wie bei Brandteig.
Den Teig in eine Schüssel geben und leicht auskühlen lassen, damit die Eier nicht gerinnen, wenn sie nacheinander in den Teig gerührt werden. Den Teig schlagen, bis er glänzt. Zucchini und Petersilie unterheben, mit Cayennepfeffer, Pfeffer und Salz würzen.
In einem Topf oder einer Fritteuse Öl erhitzen und den Teig teelöffelweise etwa 5 Minuten goldbraun frittieren. Herausnehmen und auf saugfähiges Küchenpapier legen.
Warm mit Zitronenschnitzen servieren.

Gefüllte Weinblätter

Mahshi warak enab (arabische Länder) / Dolmeh Bargh-e-Mou (Iran) / Zeytinyağlı Yaprak Dolması (Türkei)

1 kleines Glas Weinblätter

für die Füllung:
1 kleine Zwiebel
1 kleines Bund Minze
2 TL Öl
1 1/2 Tassen Gemüsebrühe
1 1/2 Tassen Reis

für die Sauce:
2 Tassen Gemüsebrühe
2 EL Butter
2-4 Knoblauchzehen
1 Zitrone (Saft)

Gefüllte Weinblätter sind ein Klassiker der arabischen, türkischen und persischen Küche. Man findet sie mit je nach Landessitte unterschiedlich gewürzten Füllungen, deren Basis aber immer Reis ist. So kommt im Iran zum Beispiel Kurkuma, im Libanon Kreuzkümmel und in der Türkei Minze an die Mischung.

Für die Füllung die Zwiebel würfeln, die Minze fein hacken. In einem Topf Öl erhitzen und die Zwiebel anbraten. Brühe, Pfeffer, Salz sowie Reis zugeben und etwa 10 Minuten kochen, bis der Reis die Flüssigkeit aufgenommen hat – er wird nicht ganz weich. Die Minze zugeben.
Je 1/2 bis 1 EL Reisfüllung in die Weinblätter einrollen: diese zunächst seitlich zusammenklappen, dann zusammenrollen.
Für die Sauce die Brühe mit Butter aufkochen, Knoblauch zerdrücken und die Hälfte beifügen. Etwas Sauce in einen großen Topf oder eine hohe Pfanne geben, gefüllte Weinblätter hineinschichten, mit restlicher Sauce übergießen und zugedeckt etwa 45 Minuten köcheln.
Restlichen Knoblauch mit Zitronensaft verrühren, über die Weinblätter geben und 5 Minuten mitkochen.

Am besten schmecken frische Weinblätter, die kurz in Salzwasser blanchiert werden. Sie sind auch als Konserve oder tiefgefroren erhältlich.

Varianten

Für die Füllung statt Kreuzkümmel Piment verwenden, dem Reis fein gehackte Möhren zufügen. Sehr gut schmecken auch Pinienkerne, die vorher kurz angebraten werden, damit sie ein leicht geröstetes Aroma entfalten.

Das Rollen der Weinblätter ist eine langwierige Arbeit. Statt Wein- kann man auch Kohlblätter verwenden, wobei die Röllchen aber genauso klein ausfallen sollten. Die im Vergleich riesigen Kohlrouladen sind im Orient unbekannt.

Teigtaschen mit Spinat
Fatayer bil sabaneh (Syrien)

für 6 Personen

500 g tiefgefrorener Blätterteig oder türkischer Börekteig

für die Füllung:
500 g Spinat
1 große Zwiebel
1 Bund Petersilie
2 Zitronen (Saft)
1/2 Tasse Olivenöl
nach Geschmack: 1 TL Essigbaumgewürz
100 g Pinienkerne

Mit Gemüse oder Frischkäse gefüllte Teigtaschen sind im gesamten Orient beliebt. Sie werden als Vor- wie als Hauptspeise serviert und oft mit Joghurtsaucen und Salat kombiniert.
Auch die Füllungen ähneln sich, am beliebtesten sind Spinat- und Käsefüllungen. Teigtaschen sind übrigens während der Zeit der Kreuzzüge in Europa bekannt geworden und in vielen Varianten in die europäische Küche übernommen worden.

Den Teig auftauen lassen. Den Spinat hacken und in wenig Wasser dünsten, bis er zusammenfällt. Währenddessen die Zwiebel fein würfeln, die Petersilie hacken.
Den Spinat in ein Sieb geben und gut abtropfen lassen. In einer Schüssel mit Zwiebel, Petersilie, Zitronensaft, Öl, eventuell Essigbaumgewürz, Pfeffer und Salz vermischen und ruhen lassen.
Den Backofen auf 200° C vorheizen. Die Pinienkerne in etwas Öl goldbraun anbraten und zur Spinatmischung geben.
Aus dem Teig kleine Kugeln formen und zu dünnen Kreisen ausrollen. Etwas Spinatmischung in die Mitte geben und den Teig so umklappen, dass ein Dreieck entsteht, dabei gut aufeinander drücken. Die Teigtaschen auf ein eingefettetes Backblech setzen, mit Öl bestreichen und 20 bis 25 Minuten goldbraun backen.
Heiß oder kalt servieren.

Spinat-Feta-Börek

Ispanaklı Peynirli Börek (Türkei)

Für die Füllung den Spinat in wenig Wasser dünsten, bis er zusammenfällt. In ein Sieb geben und gut abtropfen lassen, dann hacken. Lauchzwiebeln und Petersilie hacken.
In einer Pfanne Butterschmalz erhitzen, Spinat und Lauchzwiebeln kurz anbraten. In eine Schüssel geben und abkühlen lassen. Den Schafskäse zerbröseln und mit Eiern, Petersilie, etwas Pfeffer und Salz vermischen. Den Backofen auf 180° C vorheizen.
In einer Schüssel zerlassenes Butterschmalz mit Ei und Milch verrühren und eine Auflaufform (30 bis 40 cm) damit ausstreichen. Zehn Schichten Teigblätter hineinlegen, jede mit der Flüssigkeit bestreichen. Die Spinatmischung darauf verteilen, restlichen Teig darüber schichten und noch einmal mit Flüssigkeit bestreichen. Mit einem Messer längs und quer in viereckige Stücke schneiden. Etwa 40 Minuten goldbraun backen.

für 6-8 Personen

8 EL Butterschmalz oder Olivenöl
1 Ei
500 g Börekteig (Fyllo- oder Yufkateig, 20-25 Blätter)
5 EL Milch

für die Füllung:
1 kg Spinat
5-6 Lauchzwiebeln
2 Bund Petersilie
8 EL Butterschmalz oder Olivenöl
350 g bröseliger türkischer Schafskäse
2-3 Eier

Spinat mit Joghurt

Yoğurtlu Ispanak (Türkei)

Den Spinat in Streifen, die Zwiebeln in feine Würfel schneiden.
In einem Topf Öl erhitzen. Den Spinat zugeben und mit etwas Wasser kurz schwenken, bis er zusammenfällt. Abgießen und abkühlen lassen. Knoblauch im Mörser zerstoßen und unter den Joghurt rühren. Mit Paprika, Pfeffer, Salz und Zitronensaft abschmecken. Unter den Spinat heben und eine Stunde kühl stellen.

500 g Spinat
2 kleine Zwiebeln
2 EL Olivenöl
2 Knoblauchzehen
2-3 Becher fettreicher Joghurt
1 TL Rosenpaprika
1 TL edelsüßer Paprika
etwas Zitronensaft

Mit Fladenbrot (Seite 65) servieren.

Teigtaschen mit Lauch
Bolani Gandana (Afghanistan)

für 6 Personen

500 g Mehl
1 Päckchen oder 1 Würfel Hefe
4 große Stangen Porree
Olivenöl
2 Zwiebeln
1 kleine Gurke
125 g Magerquark oder 2 Becher Joghurt
3 Knoblauchzehen

Aus Mehl, Hefe, etwas Zucker und Salz einen Teig kneten und an einem warmen Ort 20 Minuten gehen lassen.
Den Porree klein schneiden, etwas Öl, Pfeffer und Salz zugeben. Die Zwiebeln reiben, mit etwas Öl und Pfeffer vermischen.
Aus dem Hefeteig kleine Kugeln formen und ausrollen, die Taschen mit etwas Porree und Zwiebeln füllen.
In einer Pfanne Öl erhitzen und die Fladen von beiden Seiten goldbraun braten.
Die Gurke raspeln. Aus Quark, den man mit etwas Wasser anrührt, oder Joghurt mit Salz, Gurke, Pfeffer und zerdrücktem Knoblauch eine Sauce anrühren.
Die Teigtaschen heiß in die Sauce tunken.

Variante

Kartoffel-Bagari
Bagari Katschalu (Afghanistan)

Das Gericht kann auch mit Kartoffeln statt Porree hergestellt werden, die zu Brei zerstampft werden.

Teigtaschen mit Käse
Fatayer bil gibna (Syrien)

Den Teig auftauen lassen. Die Zwiebel fein würfeln, die Petersilie hacken.
Schafskäse, Zwiebel, Petersilie, Pfeffer und Salz vermischen, ruhen lassen. Den Backofen auf 200° C vorheizen.
Aus dem Teig kleine Kugeln formen und zu dünnen Kreisen ausrollen. Etwas Käsemischung in die Mitte geben und den Teig so umklappen, dass ein Dreieck entsteht, dabei gut aufeinander drücken. Die Teigtaschen auf ein eingefettetes Backblech setzen, mit Öl bestreichen und 20 bis 25 Minuten goldbraun backen.
Heiß oder kalt servieren.

500 g tiefgefrorener Blätterteig oder türkischer Börekteig

für die Füllung:
1/2 Zwiebel
1 großes Bund Petersilie
250 g griechischer oder türkischer Schafskäse
Olivenöl

Brik mit Linsen
Brik (Tunesien)

Die Linsen in Salzwasser etwa 25 Minuten nicht zu weich kochen. In ein Sieb abgießen und gut abtropfen lassen. Die Tomaten kurz in kochendes Wasser tauchen, häuten und klein schneiden. Die Zwiebel fein würfeln, die Petersilie hacken.
Öl erhitzen, Zwiebel und zerdrückten Knoblauch anbraten. Tomaten mit Petersilie zugeben und andicken lassen. Mit Pfeffer, Salz und Kreuzkümmel würzen. Zuletzt die Linsen beifügen und alles kurz schwenken.
Die Brikblätter zu einem Viereck auslegen und die Füllung auf einer Seite verteilen. Die Blätter zu einem Dreieck falten und zusammendrücken.
In einer Pfanne reichlich Öl erhitzen und die Teigtaschen braten. Herausnehmen und auf saugfähiges Küchenpapier legen. Noch heiß servieren.

Brikblätter oder tiefgefrorener Blätterteig (in arabischen oder türkischen Läden erhältlich)

für die Füllung:
125 g getrocknete Linsen
2 Tomaten
1 kleine Zwiebel
1 kleines Bund Petersilie
1 Knoblauchzehe
gemahlener Kreuzkümmel
Öl zum Braten

Bohnensalat
Salade Lubia (Iran)

250 g grüne Bohnen
2 Tomaten
1 Zwiebel
1 kleines Bund Petersilie
Olivenöl
Zitronensaft

Die Bohnen unter kaltem Wasser waschen, von den Stielen befreien und halbieren. Die Tomaten kurz in kochendes Wasser tauchen, häuten und würfeln. Die Zwiebel in feine Ringe schneiden, die Petersilie hacken.
Öl erhitzen und die Bohnen kurz anbraten. Mit etwas Wasser aufgießen und schmoren. Währenddessen in einer zweiten Pfanne Zwiebel und Tomaten kurz anschmoren.
Die Bohnen nicht ganz weich werden lassen, abgießen und abtropfen lassen. Aus Öl, Zitronensaft, Petersilie, etwas Pfeffer und Salz eine Sauce zubereiten und mit den Tomaten über die Bohnen gießen. Kalt servieren.

Süßsaure Zucchini
Kusa bi zait (Libanon)

für 6-8 Personen

1 kg Zucchini
1 rote Zwiebel
etwa 100 ml Olivenöl
2 EL Essig
2 EL Zitronensaft
etwas Zucker
1 TL Koriandersamen
1 TL Dillsamen
gemahlener Zimt
2 EL geröstete Pinienkerne
2 EL Rosinen

Die Zucchini in etwa 5 cm lange schmale Streifen, die Zwiebel in feine Würfel schneiden.
In einer großen Pfanne Öl erhitzen und die Zwiebel glasig dünsten. Zucchini zugeben und etwa 10 Minuten weich garen.
Essig, Zitronensaft, Zucker und Gewürze nach Geschmack zugeben, 5 Minuten mitköcheln. Pinienkerne und Rosinen dazustreuen und alles garen, bis etwas Flüssigkeit verdampft ist.
Die Pfanne vom Herd nehmen und kühl stellen, beispielsweise über Nacht in den Kühlschrank.

Brot

Welche Bedeutung das Brot im Orient hat, verdeutlicht schon das ägyptische Wort »a'isch«, das gleichzeitig für »Brot« und »Leben« steht. Zu jeder Mahlzeit wird Brot gegessen, zu Vorspeisen und Suppen ebenso wie zu Hauptgerichten. Vorwiegend wird es als Fladen gebacken. Noch heute dient es in vielen, vor allem ländlichen Regionen als eine Art Besteckersatz. Man reißt Stücke ab und nimmt damit das Essen auf, besonders die oft cremigen oder pürierten Vorspeisen.
Fladenbrote gibt es in verschiedenen Sorten. Die ganz dünnen findet man im Iran, wo besonders der indische Einfluss deutlich wirkt; eher armlange ovale Fladen werden in der Türkei gebacken.
Ein beliebtes Frühstück bilden die ursprünglich aus der Türkei stammenden Sesamkringel, die Simit. Sie können frisch mit Schafskäse, Tomaten und Oliven gegessen werden, mit Honig oder pur. Dazu trinkt man einen starken, süßen Tee.

Fladenbrot

Khubs (gesamter Orient)

Grundrezept für etwa 10 Stück
einige Stunden Vorbereitungszeit

2 Päckchen frische oder Trockenhefe
1/2 TL Zucker
1 kg Mehl

Die Hefe in 1/4 Tasse lauwarmem Wasser und Zucker auflösen, zudecken und gehen lassen. Das Mehl mit 1 bis 2 TL Salz mischen. Zunächst die Hefe, dann nach und nach 1 bis 1 1/2 Tassen lauwarmes Wasser zugießen. Alles gut durchkneten, bis der Teig weich und elastisch ist. An einem warmen Ort mit einem Tuch bedeckt ein bis zwei Stunden gehen lassen.
Teigportionen in Apfelgröße abtrennen, durchkneten, zu Kugeln formen und noch einmal zugedeckt 30 Minuten gehen lassen.
Fladen von 15 bis 20 cm Durchmesser ausrollen, auf ein mit Mehl bestreutes Backblech legen und zugedeckt eine weitere Stunde ruhen lassen.
Den Backofen auf 250° C vorheizen und die Fladen 5 bis 7 Minuten backen. Den Grill einschalten und die Oberseite 1/2 Minute grillen.

Thymianbrot

Mana'isch satar (Palästina, Libanon, Syrien)

2 Päckchen frische oder Trockenhefe
1/2 TL Zucker
1 kg Mehl
4 EL Olivenöl
4 EL Thymian
2 EL Essigbaumgewürz
2-3 EL Sesamkörner

Den Teig laut Grundrezept für Fladenbrot (Seite 65) zubereiten und zu pizzagroßen Fladen von 1 cm Höhe ausrollen.
Auf ein eingefettetes Backblech legen. Den Backofen auf 250° C vorheizen. Das Öl mit den Gewürzen mischen und auf dem Fladen verteilen, die Ränder frei lassen. Im Ofen etwa 10 Minuten backen, bis die Oberfläche hellbraun ist. Den Grill einschalten und die Oberseite 1/2 Minute grillen.
Heiß oder kalt servieren.

Dieses Brot kann wie eine Pizza als kleine Mahlzeit gereicht werden. Es wird häufig zum Frühstück gegessen.

Beduinenbrot
Khubs m'lawi (Irak)

500 g Weizenmehl
6 EL Olivenöl

Das Mehl mit 1/4 l lauwarmem Wasser, Öl und etwas Salz vermischen, gut durchkneten und 30 Minuten ruhen lassen. Erneut gut durchkneten, einen großen Fladen formen und auf ein Backblech legen. Im Ganzen oder in acht Tortenstücke zerschnitten noch einmal 15 Minuten ruhen lassen.
Den Ofen auf 250° C vorheizen und das Brot 15 bis 20 Minuten braun backen. Der Fladen ist durchgebacken, wenn er hohl klingt, sobald man mit dem Fingerknöchel dagegen klopft.

Süßes Fladenbrot
Kukah (Iran)

3 Stunden Vorbereitungszeit

1 Päckchen frische oder Trockenhefe
60 ml Milch
1 EL Zucker
500 g Weizenmehl
100 g Butter
2 Eier

Frische Hefe mit lauwarmer Milch und etwas Zucker verrühren, an einem warmen Ort 10 Minuten gehen lassen. Mit Trockenhefe entsprechend der Packungsangabe verfahren.
Mehl in eine Schüssel geben, Hefe und zerlassene Butter zufügen. Eier mit restlichem Zucker und etwas Salz verquirlen, zugeben und alles durchkneten. Klebt der Teig an den Händen, etwas mehr Mehl hinzufügen; ist er zu trocken, etwas Wasser zugießen. An einem warmen Ort zugedeckt zwei Stunden gehen lassen. Danach auf einem bemehlten Blech zwei Fladen formen und zugedeckt weitere 30 Minuten gehen lassen.
Die Oberfläche der Fladen mit etwas Milch bestreichen. Den Ofen auf 220° C vorheizen und die Fladen auf unterer Schiene etwa 15 Minuten backen, bis die Oberfläche hellbraun ist.

Sesamringe

Simit (Türkei)

2 Päckchen frische oder Trockenhefe
1/2 TL Zucker
1 kg Mehl
etwas Milch
1/2 Tasse Sesamkörner

Sesamringe stammen aus der Türkei. Sie werden nicht nur in Bäckereien, sondern auch häufig von Straßenverkäufern angeboten.

Den Teig laut Grundrezept für Fladenbrot (Seite 65) zubereiten, aber löffelweise etwas mehr Wasser hinzufügen, damit der Teig weicher und geschmeidiger wird.
Teigportionen in Apfelgröße abtrennen, 2 cm dicke runde Fladen formen, in der Mitte ein Loch anbringen und Ringe formen. Milch und Sesamkörner auf zwei Tellern verteilen, die Ringe erst in die Milch tauchen, dann in die Sesamkörner drücken. Auf ein eingefettetes Backblech legen und zugedeckt eine Stunde gehen lassen.
Den Backofen auf 250° C vorheizen und die Ringe 15 Minuten backen. Den Grill einschalten und die Oberseite 1 Minute grillen, bis die Ringe hellbraun sind.

Variante

Nach Geschmack können sie mit Schafskäse, Gurken, Tomaten und Oliven oder süß mit Honig gegessen werden. Natürlich kann man sie auch toasten.

Suppen

Vegetarische Suppen und Eintöpfe sind im Orient wie auch anderswo häufig die Grundlage der Ernährung auf dem Land und in den ärmeren Schichten der Stadt. Die Suppen, zum Beispiel Linsen- oder Bohnensuppe, sind so nahrhaft, dass sie meist als Hauptmahlzeit mit Brot gegessen werden.

Viele orientalische Rezepte stammen noch aus Zeiten der alten Ägypter und der Sumerer und haben ihre Wurzeln in einfachen ländlichen Traditionen. Alles, was die Natur bietet, wird mit Fantasie kombiniert.

Die arabische Küche kennt eine Reihe von würzigen Suppen, die zum Teil mit für uns ungewöhnlichen Zutaten zubereitet werden. Auf der anderen Seite ist süße oder saure Sahne, die hier häufig Suppen verfeinert, so gut wie unbekannt. Ein Ersatz dafür ist Joghurt. Durch die typisch orientalischen Gewürze und Kräuter wie Kreuzkümmel, Kardamom und Koriander erhalten auch Suppen, die in den Zutaten westlichen Gerichten ähnlich sind, einen fremdländischen und reizvollen Geschmack.

In vielen Ländern des Nahen Ostens wird Zitronen- oder Limonensaft über die Suppe geträufelt, was ihr einen zusätzlichen frisch säuerlichen Geschmack gibt. Um den Zutaten ein intensiveres Aroma zu verleihen, brät man das Gemüse vor dem Kochen mit Gewürzen oder Kräutern an.

Linsensuppe

Mercimek Çorbası (Türkei)

Linsensuppen sind im gesamten Orient beliebt. Sehr oft werden die kleinen, roten Linsen verwendet, die einen feineren Geschmack haben und schneller gar sind. Häufig wird die Linsensuppe püriert. Die Gewürze variieren natürlich je nach Land und können nach eigenen Vorlieben ausgewählt werden.

für 6 Personen

2 Tassen rote Linsen
6 Tassen Hühnerbrühe
1 kleine Dose Pizzatomaten
1 mittelgroße Zwiebel
4-5 EL Butter oder Butterschmalz
2 Knoblauchzehen
1 Tasse Bulgur (Seite 25)
1/2-1 TL edelsüßer Paprika
1 EL getrocknete Minze
1 Limone oder Zitrone

Die Linsen in einem Sieb waschen, 15 Minuten in Wasser einweichen und abtropfen lassen. In einem Topf mit Brühe und Tomaten zum Kochen bringen, bei schwacher Hitze 35 Minuten köcheln. Dabei häufig umrühren, damit die Linsen nicht ansetzen. Die Zwiebel fein hacken. In einer kleinen Pfanne 2 bis 3 EL Butter erhitzen, Zwiebel und zerdrückten Knoblauch kurz anbraten. Mit dem Bulgur zu den Linsen geben und weitere 15 Minuten kochen.
Die Linsen mit dem Pürierstab pürieren. In der restlichen Butter Pfeffer, Salz, Paprika und Minze anbräunen, über die Suppe träufeln.
Mit der geviertelten Limone servieren.

Erbsensuppe mit Minze
Naneli Bezelye Çorbası (Türkei)

2 EL Maisstärke
1 1/2 l Gemüsebrühe
1 Zwiebel
1 Bund Minze
2 EL Butterschmalz oder Olivenöl
300 g getrocknete Erbsen
3 EL fettreicher Joghurt

Das Besondere an dieser Erbsensuppe ist die Minze.

Die Stärke mit 1/2 Tasse Brühe glatt rühren. Die Zwiebel würfeln, die Minze hacken.
In einem Topf Butterschmalz erhitzen und die Zwiebel anschwitzen. Restliche Brühe zugießen und die Erbsen zugeben. Bei schwacher Hitze zugedeckt etwa 30 Minuten kochen, bis die Erbsen weich sind.
Den Topf vom Herd nehmen und die Suppe mit dem Pürierstab pürieren.
Die Stärke zugeben und die Suppe bei niedrigster Hitze unter ständigem Rühren aufkochen, bis sie andickt. Pfeffern und salzen, den Joghurt einrühren und die Minze unterziehen.

Dazu schmeckt Fladenbrot (Seite 65).

Grüne Bohnensuppe
Shorbet fasolia chadra (Libanon)

für 8 Personen

1 kg grüne Bohnen
2 Kartoffeln
1 Möhre
2 Tomaten
2 mittelgroße Zwiebeln
1 Bund Petersilie
1 EL Olivenöl
4 Knoblauchzehen
1/2-1 TL gemahlener Kreuzkümmel
1-2 l Gemüsebrühe

Die Bohnen unter kaltem Wasser waschen und von den Stielen befreien. Die Kartoffeln schälen und würfeln, die Möhre schaben und in dünne Scheiben schneiden. Die Tomaten kurz in kochendes Wasser tauchen, häuten und klein schneiden. Zwiebeln und Petersilie hacken.
In einem Suppentopf Öl erhitzen, Zwiebeln und zerdrückten Knoblauch anbraten. Alle Gemüse und Kreuzkümmel zugeben, mit Brühe auffüllen und zum Kochen bringen. Bei schwacher Hitze 30 Minuten kochen, bis die Bohnen weich sind, dabei immer wieder umrühren.
Zuletzt Petersilie unterrühren – einen Teil zurückbehalten, um sie beim Servieren über die Suppe zu streuen.

Weißer Bohneneintopf
Fasulye Pilakisi (Türkei)

5 Stunden Zubereitungszeit

2 Tassen getrocknete weiße Bohnen
2 Möhren
2 Zwiebeln
1 Bund Petersilie
Olivenöl
2 gehackte Knoblauchzehen
1 Tasse fein geschnittener Bleichsellerie
2 EL Tomatenmark
1/2 TL Zucker
1 EL Zitronensaft
Chilipulver oder Rosenpaprika

Die Bohnen mindestens zwei Stunden in kaltem Wasser einweichen. Abgießen, mit frischem Wasser auffüllen und 3 bis 5 Minuten kochen. Vom Herd nehmen und ein bis zwei Stunden nachquellen lassen. Währenddessen die Möhren schaben und würfeln. Zwiebeln und Petersilie hacken.
In einem Topf Öl erhitzen und die Zwiebeln anbraten. Knoblauch, Sellerie und Möhren zugeben, unter ständigem Rühren 3 bis 5 Minuten braten.
Die Bohnen erneut auf den Herd stellen und 30 Minuten kochen. Dem Kochwasser Tomatenmark, Zucker, Pfeffer und Salz sowie Gemüse zugeben und weiterkochen, bis die Bohnen gar sind.
Den Topf vom Herd nehmen, Zitronensaft und Petersilie zufügen. Mit Chili abschmecken, eventuell nachwürzen, heiß oder kalt servieren.

Nudeleintopf

Asch-e-Reschteh (Iran)

8 Stunden einweichen

250 g getrocknete weiße Bohnen
250 g Kichererbsen
etwa 2 Tassen gehackte Kräuter: Dill, Petersilie, Koriander, Schnittlauch
250 g dicke Buttermilch (als »Kaschk« in arabischen Läden erhältlich)
1 Bund Minze
400 g Nudeln
2 Zwiebeln
Olivenöl
3-4 gehackte Knoblauchzehen
1/2 TL Kurkuma

Bohnen und Kichererbsen acht Stunden in Salzwasser einweichen. Abgießen und mit den Kräutern in einem großen Topf aufkochen. Bei schwacher Hitze mindestens eine Stunde kochen – die Hülsenfrüchte sollen nicht zu weich sein.

Buttermilch mit etwas Wasser vermischen und kurz zu einer dickflüssigen Mischung aufkochen. Etwas Buttermilch in einem Schüsselchen zur Seite stellen und mit gehackter Minze vermischen.

Die Nudeln mit Buttermilch und Hülsenfrüchten in einen Topf geben, unter ständigem Rühren kochen.

Die Zwiebeln in dünne Ringe schneiden. In einer Pfanne Öl erhitzen, Zwiebeln, Knoblauch und Kurkuma anbraten.

Den Eintopf in eine Schüssel füllen. Buttermilch-Minze-Mischung sowie Zwiebelringe darüber geben und servieren.

Kichererbsensuppe
Lablabi (Tunesien)

Kichererbsen sind im gesamten Orient beliebt. Sie werden sehr unterschiedlich verwendet: als Vorspeise, Suppe, Gemüsegericht und zum Backen.

am Vortag beginnen
für 4-6 Personen

250 g Kichererbsen
1/2 TL Backpulver
1 1/2 l Gemüsebrühe
1 Zwiebel
4 EL Olivenöl
3 gehackte Knoblauchzehen
3 Kartoffeln
3 Möhren
3 Stangen Bleichsellerie
2-3 Zucchini
1 TL gemahlener Kreuzkümmel
1 TL Harissa (Seite 28) oder 1 Chilischote, im Mörser zerstoßen
1 Zitrone (Saft)
1 Fladenbrot (Seite 65)
Butter

Die Kichererbsen über Nacht in reichlich kaltem Wasser einweichen.
Am nächsten Tag abgießen, mit frischem Wasser und Backpulver 30 Minuten kochen, dabei den Schaum abschöpfen. Das Wasser abgießen und die Kichererbsen in der Brühe aufkochen.
Die Zwiebel würfeln.
Etwas Öl erhitzen, Zwiebel und Knoblauch anbraten. Gemüse putzen, in Stücke schneiden und mit Zwiebel, Kreuzkümmel, Harissa und etwas Salz in die Suppe geben, weich kochen.
Die Suppe mit dem Pürierstab pürieren, mit Öl und Zitronensaft abschmecken. Das Brot in kleine Stücke schneiden, in Butter anbraten und über die Suppe geben.

Joghurtsuppe mit Kichererbsen

Aasch-e-Mast (Iran)

8 Stunden einweichen

100 g Kichererbsen
2 Zwiebeln
6 EL Olivenöl
Kurkuma
etwa 1 l Gemüsebrühe
100 g rote Linsen
50 g Reis
1 Bund Petersilie
1 kleines Bund Dill
1 Bund Schnittlauch
1 Bund Koriander
1 Bund Minze
2 Knoblauchzehen
5 Becher Joghurt
1 TL Mehl

Im Iran sind viele Varianten dieser Suppe bekannt. Es können auch andere Gemüsesorten verwendet werden, etwa weiße Bohnen oder Möhren. Wichtig ist, dass so viele Kräuter wie möglich in die Suppe kommen.

Die Kichererbsen acht Stunden in reichlich kaltem Wasser einweichen. Dann abgießen und abtropfen lassen. Die Zwiebeln fein würfeln.
In einem Topf Öl erhitzen und die Zwiebeln goldbraun anbraten. Mit etwas Pfeffer, Salz und 1/2 TL Kurkuma würzen. Kichererbsen zugeben, Brühe zugießen und alles 40 Minuten kochen.
Linsen und Reis zugeben, weitere 20 Minuten kochen. Alle Kräuter bis auf die Minze hacken und zugeben. Falls nötig, Wasser zugießen. Erneut aufkochen, bis alle Zutaten weich sind.
Währenddessen die Minze hacken, den Knoblauch im Mörser zerstoßen, beides mit Kurkuma in etwas Öl anbräunen. In einer Schüssel 4 Becher Joghurt mit Mehl und 4 EL Suppe verrühren.
Den Topf vom Herd nehmen und die Joghurt-Mischung langsam in die Suppe rühren. In Suppenteller füllen, etwas Minze-Knoblauch darüber geben. Restlichen Joghurt auf den Tisch stellen, damit sich jeder nach Geschmack etwas dazurühren kann.

Brot-Kichererbsen-Suppe

Tis'ije (ostarabische Länder)

Dieser Eintopf gilt als typisch ländliches Gericht, das aus den einfachsten, in jedem arabischen Haushalt vorhandenen Zutaten gekocht werden kann.

8 Stunden einweichen

200 g Kichererbsen
1 Fladenbrot (Seite 65)
5 Knoblauchzehen
500 g Joghurt
2 EL Zitronensaft
100 g Butterschmalz oder Butter
50 g Pinienkerne
1 kleines Bund Petersilie
1-2 TL gemahlener Kreuzkümmel

Die Kichererbsen acht Stunden in reichlich kaltem Wasser einweichen. Dann abgießen und in reichlich Wasser etwa eine Stunde weich kochen.
Währenddessen das Brot in kleine Würfel schneiden und im Backofen goldbraun rösten. Zerdrückten Knoblauch mit etwas Salz vermengen, einen Teil den kochenden Kichererbsen beifügen, den Rest mit dem Joghurt vermischen. Den Joghurt mit Zitronensaft, Pfeffer und Salz abschmecken. Butterschmalz erhitzen und die Pinienkerne goldbraun rösten, im Fett warm halten.
Eine feuerfeste Form im Backofen vorheizen – sie sollte so hoch sein, dass die Brot-Kichererbsen-Schicht etwa 10 cm betragen kann. Die Petersilie hacken.
Die Brotwürfel in die warme Schüssel geben und die Kichererbsen mit einem Schaumlöffel darüber geben. Den Sud aufkochen und mit einer Kelle vorsichtig auf das Brot geben, bis es gut durchtränkt ist – es darf nicht zu suppig werden.
Den Joghurt mit einem Löffel gleichmäßig darüber verteilen und glatt streichen. Kreuzkümmel und Petersilie darüber streuen, die Pinienkerne mit dem Fett darauf geben. Sofort servieren.

Gerstensuppe

Asche-e-Dscho (Iran)

8 Stunden einweichen
für 6 Personen

125 g getrocknete rote Bohnen
125 g Kichererbsen
200 g Gerste
3 Zwiebeln
2 EL Öl
125 g rote Linsen
1/2 TL Essigbaumgewürz
1 1/2 l Gemüsebrühe
nach Geschmack: 1 Bund Petersilie, Koriander, Dill oder Minze
2 Becher Joghurt

Bohnen und Kichererbsen acht Stunden in kaltem Wasser einweichen.
Das Wasser abgießen. Die Gerste einweichen.
Die Zwiebeln würfeln.
In einem großen Topf Öl erhitzen und die Zwiebeln anbräunen. Bohnen und Kichererbsen, Linsen, Essigbaumgewürz, Pfeffer und Salz zugeben. Brühe zugießen, aufkochen und alles etwa eine Stunde köcheln.
Die Gerste abgießen, zugeben und alles weitere 30 Minuten köcheln.
Die Kräuter hacken, zugeben – einen Teil zur Seite legen – und alles erneut etwa 15 Minuten köcheln.
Den Joghurt unterziehen, die restlichen Kräuter darüber streuen und servieren.

Diese Suppe ist so gehaltvoll, dass sie als Hauptmahlzeit zu sich genommen werden kann. Dazu passt ein gemischter Salat, zum Beispiel Bauernsalat (Seite 85).

Spinat-Joghurt-Suppe
Shorbet sabanekh (Libanon)

Den Spinat putzen und klein hacken, mit Gewürzen und Petersilie vermengen.
Butterschmalz erhitzen und das Mehl anbräunen. Die Brühe in einen Suppentopf gießen, die Mehlschwitze zugeben, aufkochen und bei schwacher Hitze 5 Minuten köcheln.
In einem zweiten Topf den Spinat mit wenig Wasser bei mittlerer Hitze 3 Minuten blanchieren. In einem Sieb abtropfen lassen, zur Suppe geben und alles weitere 5 Minuten kochen.
Den Topf vom Herd nehmen und den Joghurt unterziehen.

500 g Spinat
1 Prise gemahlener Zimt
1 TL zerstoßener Kardamom
etwas fein gehackte frische Petersilie
etwa 50 g Butterschmalz oder Butter
2 EL Mehl
gut 1 l Gemüsebrühe
2 Becher fettreicher Joghurt

Knoblauchsuppe
Shorbet thum (ostarabische Länder)

Die Brühe erhitzen. Die Kartoffeln schälen und in kleine Stücke schneiden. Mit Knoblauchzehen, ganzer Zwiebel und Lorbeerblatt zugeben und kochen, bis die Kartoffeln weich sind.
Zwiebel und Lorbeerblatt herausnehmen. Die Suppe mit dem Pürierstab pürieren. Mit Pfeffer, Salz und Chili abschmecken, noch einmal aufkochen.

1 l Gemüsebrühe
3-4 mittelgroße Kartoffeln
6-8 Knoblauchzehen
1 Zwiebel
1 Lorbeerblatt
etwas Chilipulver oder 1 Chilischote, im Mörser zerstoßen

Kalte Gurkensuppe

Shorbet khiar (Syrien)

mehrere Stunden kühl stellen

500 g Salatgurken
1/2 l Buttermilch oder 500 g Joghurt
2 Knoblauchzehen
2 EL gehackte frische Minze
1/2 TL Salz
1 Prise schwarzer Pfeffer
2 Zitronen

Diese Suppe ist im Sommer eine herrliche Erfrischung. In ihrer Zusammensetzung ähnelt sie der Joghurt-Gurken-Vorspeise.

Die Gurken schälen, längs halbieren, grob entkernen und würfeln. Mit den übrigen Zutaten mittels Pürierstab pürieren. Mehrere Stunden in den Kühlschrank stellen.
In Schälchen servieren und mit dem Saft geviertelter Zitronen beträufeln.

Gemüsesuppe

Sebze Çorbası (Türkei)

3 Kartoffeln
3 Möhren
1 Stange Porree
3 Stangen Bleichsellerie
2-3 Zucchini
1 Zwiebel
2 Pfefferkörner
1 1/2 l Gemüsebrühe
nach Geschmack: Suppennudeln
gehackter frischer Koriander

Kartoffeln, Möhren, Porree, Sellerie und Zucchini putzen und klein schneiden. Die Zwiebel hacken, mit Pfefferkörnern und etwas Salz anbraten. Mit Brühe aufgießen und aufkochen.
Die Gemüse je nach Garzeit in die Suppe geben und etwa 20 Minuten kochen, bis alles weich ist. In den letzten 10 Minuten eventuell Nudeln mitkochen.
In Suppentassen füllen und mit Koriander bestreuen.

Zwiebelsuppe mit Kartoffeln

Eschkeneh (Iran)

4 Kartoffeln
6 Zwiebeln
6 EL Olivenöl
1 EL Mehl
1/2-1 TL Kurkuma
etwas Bockshornklee-samenpulver
1 l Gemüsebrühe
1 Zitrone (Saft)
1 TL Zucker
2 Eier

Die Kartoffeln schälen und in grobe Stücke schneiden. Eine Zwiebel in dünne Ringe schneiden, die übrigen grob hacken.
In einem Topf Öl erhitzen und die Zwiebelringe goldbraun rösten. Aus dem Öl nehmen, abtropfen lassen und auf einem Teller zur Seite stellen.
Die gehackten Zwiebeln in dem Öl goldbraun braten. Mehl, Kurkuma und Bockshornklee mitdünsten, dabei ständig umrühren. Die Kartoffeln zugeben, mit Brühe ablöschen und 15 Minuten kochen.
Zitronensaft zugießen, mit Zucker, Pfeffer und Salz abschmecken, weitere 15 Minuten kochen.
Die Eier schlagen, salzen und langsam in die heiße Suppe geben. Wenn sie gestockt sind, ist die Suppe fertig.
Die Zwiebelringe darüber geben und servieren.

Dazu schmeckt Fladenbrot (Seite 65).

Pistaziensuppe

Soupe Pesteh (Iran)

300 g Pistazien
3 EL Olivenöl
1 EL Mehl
3/4 l Gemüsebrühe
100 ml frisch gepresster Orangensaft
1 Lauchzwiebel

Eine ungewöhnliche Suppe mit dem Geschmack von Pistazien und Orangen. Sie wird vor dem Hauptgang serviert.

Die Pistazien schälen, in der Küchenmaschine mahlen und in einem erhitzten Topf unter ständigem Rühren vorsichtig anrösten, damit sie nicht anbrennen. Wenn sie nach etwa 2 Minuten köstlich zu duften beginnen, herausnehmen und auf einem Teller zur Seite stellen.
In einem Topf Öl erhitzen und das Mehl unter Rühren anbräunen. Mit Brühe ablöschen, aufkochen. Die Pistazien zugeben und alles 20 Minuten kochen.
Den Orangensaft zugießen. Die Lauchzwiebel in feine Ringe schneiden und darüber geben.

Kürbissuppe

Aasch e-Kadu (Iran)

etwa 1 kg Kürbisfleisch
1 Zwiebel
2 EL Öl
2 Knoblauchzehen
100 g Reis
1 l Gemüsebrühe
2 Becher Joghurt
2 TL Zucker und Zimt

Das Kürbisfleisch in Stücke schneiden, die Zwiebel würfeln.
In einem Topf Öl erhitzen, Kürbis, Zwiebel und zerdrückten Knoblauch mit etwas Pfeffer und Salz kurz anbraten. Reis und Brühe zugeben, aufkochen und bei schwacher Hitze etwa eine Stunde kochen, bis der Kürbis weich ist.
Mit Pürierstab oder Küchenmaschine pürieren.
Den Topf vom Herd nehmen, Joghurt einrühren und abschmecken.
Nach Geschmack mit Zucker und Zimt bestreuen.

Salate

Im fruchtbaren Klima des Orients lässt sich das ganze Jahr über frisches Gemüse ernten. Auch Salate werden viel und gerne gegessen und fehlen bei fast keiner Mahlzeit. Häufig wird frisches, nicht angemachtes Salatgemüse als Appetitanreger vor dem Essen serviert.

Der Salat wird meist kleiner geschnitten, als das bei uns üblich ist, wodurch sich die Zutaten besser miteinander und mit der Sauce mischen und sich ein intensiverer Geschmack entfaltet. Die Basis der Salatsaucen bilden Zitronensaft und Öl, schmackhaft und scharf gewürzt. Die in der Schüssel verbliebenen Saucen sind so würzig, dass sie von Liebhabern gerne am Ende der Mahlzeit getrunken und scherzhaft »Whisky« genannt werden.

Sahnige Saucen sind im Orient eher unüblich – mit einer Ausnahme: den Joghurt- und Tahinasaucen der ostarabischen Länder.

Auch Dips oder Pürees werden in den orientalischen Ländern als Salate bezeichnet, wohl weil sie auch aus verschiedenen Zutaten zusammengemischt werden. In diesem Kapitel werden jedoch nur diejenigen Salate aufgeführt, die aus Grünem zubereitet sind bzw. Grünes enthalten. Alle anderen finden sich im Kapitel Vorspeisen. Viele Salate können auch als Vorspeise serviert werden: zum Beispiel Spinatsalat mit Joghurt oder die bekannte Tabouleh, ein Salat aus Petersilie und Burghul, sowie Fattoush, ein arabischer Brotsalat.

Bauernsalat
Salata baladi (Ägypten)

für 4-6 Personen

1 kleine Gurke
2-3 Tomaten
1 nicht zu großer Kopf römischer Salat
1 Bund Ruccola
2 grüne Paprikaschoten
2-4 Lauchzwiebeln oder kleine rote Zwiebeln
1 Bund Petersilie

für die Sauce:
Olivenöl
Zitronensaft
Kreuzkümmel

Die Gurke schälen, längs vierteln und in kleine Stücke schneiden, die Tomaten würfeln. Salat und Ruccola in Streifen schneiden. Die Paprika halbieren und entkernen, das weiße Fruchtfleisch entfernen, die Schote in feine Streifen schneiden. Die Lauchzwiebeln in feine Ringe schneiden, einen Teil des grünen Stängels mitverwenden.
Aus Öl, Zitronensaft und Kreuzkümmel eine Sauce zubereiten, über Paprika und Zwiebeln gießen und durchziehen lassen.
Danach alle Zutaten zugeben und gut vermischen. Die Petersilie hacken und untermischen.

Für diesen gemischten Salat sollten alle Zutaten sehr klein geschnitten werden, wodurch sich der Geschmack intensiviert.

Gurkensalat
Salata khyiar (Libanon)

1 Gurke
2 Lauchzwiebeln
1 Bund Petersilie
1 Bund Minze

für die Sauce:
2 Knoblauchzehen
nach Geschmack: 2 Zitronen oder mehr (Saft)
reichlich Olivenöl

Dieser schlichte Salat gewinnt durch die frische Minze und die feine Schärfe der Lauchzwiebeln eine pikante Note.

Die Gurke in Scheiben, die Lauchzwiebeln in feine Ringe schneiden, die Kräuter hacken. Alles in eine Salatschüssel geben.
Für die Sauce den Knoblauch mit Salz im Mörser zerstoßen. In einer kleinen Schüssel mit 1/2 TL Pfeffer, Zitronensaft und Öl vermischen. Die Sauce über den Salat gießen und durchmischen.

Auberginensalat
Nazkhatun (Iran)

für 4-6 Personen

2 Auberginen
3 Tomaten
2 Knoblauchzehen
1 Prise Zucker
gehackte frische Minze
1 Tasse frisch gepresster Granatapfelsaft oder 1 Tasse angerührtes Granatapfel-Konzentrat
1 TL Zitronensaft
2 EL Olivenöl

Auberginen werden gerne als Salat verwendet. Sie müssen allerdings vorher gebacken werden, was die Zubereitung langwieriger macht.

Die Auberginen an mehreren Stellen einstechen, damit sie nicht aufplatzen, und im Ofen bei 180° C etwa 20 Minuten backen – das Fleisch soll noch fest sein.
Unter fließendem Wasser abkühlen und häuten.
Das Auberginenfleisch in kleine Stücke schneiden und in einen Topf geben. Die Tomaten kurz in kochendes Wasser tauchen, häuten, würfeln und unterheben.
Den Knoblauch mit Salz und Zucker im Mörser zerstoßen. Mit Minze, Granatapfelsaft, Zitronensaft und Öl vermischen. Über die Auberginenstückchen gießen und alles 10 Minuten erhitzen.
Warm oder kalt servieren.

Der iranische Auberginensalat wird mit Tomaten ergänzt und ist geprägt durch die köstliche Sauce aus Granatapfelsaft und Minze. Es ist ein gekochter Salat, der auch warm gegessen werden kann.

Würziger Auberginensalat

Badinjan mtabbel (ostarabische Länder)

Der aus dem ostarabischen Raum stammende Auberginensalat bildet mit Lauchzwiebeln und dem typischen Kreuzkümmelaroma eine würzige Variante.

1 große Aubergine
2 Lauchzwiebeln
1 kleines Bund Petersilie
1 Knoblauchzehe
nach Geschmack: gemahlener Kreuzkümmel
6-8 EL Zitronensaft
6 EL Olivenöl

Die Aubergine an mehreren Stellen einstechen, damit sie nicht aufplatzt, und im Ofen bei 180° C etwa 30 Minuten backen – das Fleisch darf nicht zu weich sein.
Unter fließendem Wasser abkühlen und häuten. Das Auberginenfleisch in kleine Stücke schneiden und in eine Salatschüssel geben. Die Lauchzwiebeln in Ringe schneiden, einen Teil des grünen Stängels mitverwenden. Unter die Auberginen heben. Die Petersilie hacken.
Den Knoblauch mit 1 TL Salz im Mörser zerstoßen. Mit 1/4 TL Pfeffer, Kreuzkümmel, Zitronensaft und Öl vermischen. Über die Auberginenstückchen gießen und vorsichtig verteilen. Mit Petersilie bestreuen.

»Als Damaskus geboren wurde oder wann begann das Kochen?

An einem Abend, als der Frühling seine Farben wechselte und als der Mond sein Gesicht am Himmel ausbreitete, sprach Beirut zu ihrer Schwester: ›Damaskus, als ich heute Morgen in deinem Paradies spazieren ging und dessen Früchte schmeckte, dachte ich darüber nach, warum wir die Gabe unserer Mutter Sonne und ihrer Geschwister nicht verfeinern. Ich würde so gerne dieses Gemüse, diese Kräuter und diese Früchte in dem fein schmeckenden Wasser deiner Quelle kochen.‹
Damaskus gefiel diese Idee. Und am nächsten Morgen, als ihre Mutter sie begrüßte und ihr strahlendes Licht in den Bergen seinen Schatten suchte, machten die beiden Schwestern sich auf den Weg. Sie sammelten Gemüse und Obst, füllten ihre Krüge an der Quelle und setzten sich an den Hang des Berges Qassiun. Dort bereiteten sie ihr erstes Gericht vor.
Zufrieden aßen die beiden Schwestern und genossen den schönen Blick auf die Obstplantagen von Damaskus. Mehrere Tage hintereinander bereiteten sie diesen erfrischenden Salat, bis Beirut sagte: ›Schwester, ich würde gerne eine warme Mahlzeit essen. Können wir morgen etwas Warmes kochen?‹
Da besorgte Damaskus für ihre Schwester Auberginen, Zwiebeln, Paprika, Tomaten, Petersilie und etwas Reis. […] Und so entdeckten die beiden Schwestern jeden Tag neue Gemüsesorten oder Kräuterarten oder probierten auch neue Früchte. Sie kochten und bereiteten neue Gerichte vor, viele Salate und Mazah, eine Art Vorspeise. Sie schufen über tausend Arten von Vorspeisen, über tausend Hauptgerichte und über tausend Nachspeisen.«

(aus einem unveröffentlichten Manuskript von Fouad El-Auwad)

Petersiliensalat
Tabouleh (ostarabische Länder)

175 g mittelfein geschroteter Burghul (Seite 25)
1/2 Salatgurke
3 Eiertomaten
300 g glattblättrige Petersilie
200 g frische Minze
2 EL fein geschnittene Frühlingszwiebeln
2 Zitronen (Saft)
nach Geschmack: etwas Olivenöl

In einer großen Schüssel den Burghul mit kochendem Salzwasser bedecken und etwa 10 Minuten ruhen lassen. Abspülen, gut abtropfen lassen, in ein Tuch geben und die restliche Flüssigkeit herauspressen.
Die Gurke schälen, längs halbieren, grob entkernen und fein würfeln. Die Tomaten vierteln, entkernen und klein schneiden. Petersilie und Minze fein hacken.
Die Petersilie in eine große Schüssel geben, Burghul, Gurke, Tomaten, Minze und Frühlingszwiebeln darauf legen. 1 TL Salz, Zitronensaft und Öl vermischen und zufügen. Alle Zutaten behutsam mit dem Salatbesteck mischen. Den Salat vor dem Servieren in den Kühlschrank stellen.

Mit grünem Blattsalat servieren.

Spinatsalat mit Joghurt
Borani-e-Esfenadsch (Iran)

500 g Spinat
1 Zwiebel
2 EL Olivenöl
1/4 TL Kurkuma
2 Knoblauchzehen
2-3 Becher Joghurt
etwas Zitronensaft

Die Kombination von Spinat und Joghurt ist in allen orientalischen Ländern sehr beliebt. Das Gericht existiert auch als Vorspeise (Seite 59) und als Gemüsegericht. Die besondere Note dieses Spinatsalats entsteht durch Kurkuma oder wahlweise Safran und Rosenwasser.

Den Spinat gründlich waschen, in Streifen schneiden und abtropfen lassen. Die Zwiebel sehr fein hacken.
In einem Topf Öl erhitzen und die Zwiebel goldbraun anbraten, Kurkuma unterrühren. Den Spinat zugeben und mit etwas Wasser kurz schwenken, bis er zusammenfällt. Dann abgießen und abkühlen lassen.
Knoblauch im Mörser zerstoßen und unter das Joghurt rühren. Mit Pfeffer, Salz und etwas Zitronensaft abschmecken. Alles mit dem Spinat mischen und eine Stunde kühl stellen.

Mit Fladenbrot (Seite 65) servieren.

Varianten
Das Rezept kann auch statt Spinat mit Stangensellerie oder Roten Beten zubereitet werden.
Der Salat erhält ein blumiges Aroma, wenn das Kurkuma durch etwas Safran ersetzt wird, das mit Rosenwasser angerührt wurde.

Spinatsalat
İspanak Salatası (Türkei)

500 g Spinat
2 Zwiebeln
1 kleines Bund Petersilie
2 EL Olivenöl
2 EL Schafskäse

Den Spinat putzen, grob hacken und in einer Pfanne andünsten, bis er zusammenfällt. In ein Sieb geben, mit einem Löffel die Flüssigkeit herauspressen. Die Zwiebeln fein würfeln, die Petersilie fein hacken.
In der Pfanne Öl erhitzen und die Zwiebeln goldbraun anbräunen. Über den Spinat geben, vorsichtig unterheben und abkühlen lassen.
Die Petersilie hacken. Den Schafskäse zerbröseln. Nach dem Abkühlen alles gut vermischen.

Arabischer Brotsalat
Fattoush (Libanon)

für 6-8 Personen

2 Fladenbrote (etwa 20 cm Durchmesser)
4 Tomaten
2 kleine Gurken
3-4 Lauchzwiebeln
römischer Salat
1 Bund Petersilie
1 kleines Bund frische oder 1 EL getrocknete Minze
1 kleines Bund Koriander
nach Geschmack: 4-6 Radieschen
nach Geschmack: 1 kleine Paprikaschote

für die Sauce:
2 Knoblauchzehen
nach Geschmack: 2 Zitronen oder mehr (Saft)
reichlich Olivenöl

Die Fladen toasten, in kleine Stücke zerteilen und drei Viertel in eine Salatschüssel schichten. Tomaten und Gurken in Stücke schneiden. Die Lauchzwiebeln in feine Ringe schneiden, einen Teil des grünen Stängels mitverwenden. Den Salat in Streifen schneiden, die Kräuter hacken. Eventuell Radieschen und Paprika klein schneiden. Alles in die Schüssel geben und 10 Minuten in den Kühlschrank stellen.
Für die Sauce den Knoblauch mit Salz im Mörser zerstoßen. In einer kleinen Schüssel mit 1/2 TL Pfeffer, Zitronensaft und Öl vermischen. Die Sauce über den Salat gießen und durchmischen. Das restliche Brot darauf schichten.

Saucen

Mit einer Reihe pikanter und interessanter Saucen können die herkömmlichen Salate und Gemüsegerichte einmal auf andere Art angemacht werden. Die Salatsaucen werden im Orient so sehr als Bestandteil der Salate betrachtet, dass sie keinen besonderen Namen haben.

Joghurtsauce
Türkei

Knoblauch mit Salz im Mörser zerstoßen. Pfeffer, Zitronensaft und Öl zugeben. Zuletzt den Joghurt unterziehen und alles gut verrühren.

2 Knoblauchzehen
3 EL Zitronensaft
nach Geschmack:
3-6 EL Olivenöl
1 Becher Joghurt

Gekochter Joghurt
Arabische Länder

In der arabischen Küche wird gekochter Joghurt wie eine Sauce aus saurer Sahne zu Reis- oder Gemüsegerichten gereicht. Er wird auch als Suppe gekocht.

Den Joghurt mit Ei und 1 knappen TL Salz verrühren. Bei schwacher Hitze langsam erwärmen. Wenn der Joghurt kocht, nach Geschmack zerdrückten Knoblauch und Minze zugeben.

Wenn man Joghurt erhitzt, ist die Gefahr groß, dass er gerinnt. Deshalb ist es zu empfehlen, ein Ei oder Stärke mit unterzurühren.

5 Becher Joghurt
1 kleines Ei oder
2 TL Stärkemehl
2 Knoblauchzehen
1 EL getrocknete Minze

Granatapfelsauce
Iran

Knoblauch mit Salz im Mörser zerstoßen. Mit den übrigen Zutaten vermischen.

1 Knoblauchzehe
gehackte frische Minze
1 Tasse frisch gepresster Granatapfelsaft oder 1 Tasse angerührtes Granatapfel-Konzentrat
1 TL Zitronensaft
2 EL Olivenöl
etwas Zucker

Tahina-Salatsauce
Ägypten

1 fein gehackte Knoblauchzehe
6 EL Tahina (Seite 31)
6 EL Zitronensaft

Knoblauch mit Salz im Mörser zerstoßen. Die Tahina mit Zitronensaft und – je nach Konsistenz – mindestens 3 EL Wasser vermischen. Den Knoblauch zugeben und mit Salz abschmecken.

Alle Tahinasaucen passen zu Salaten aus festeren Gemüsesorten, etwa Gurkensalat (Seite 85).

Tahina-Joghurtsauce
Palästina

1 fein gehackte Knoblauchzehe
6 EL Tahina (Seite 31)
6 EL Zitronensaft
nach Geschmack: 1 Prise gemahlener Kreuzkümmel
1 Becher Joghurt

Knoblauch mit Salz im Mörser zerstoßen. Die Tahina mit Zitronensaft und – je nach Konsistenz – mindestens 3 EL Wasser vermischen. Den Knoblauch zugeben, mit Salz und eventuell Kreuzkümmel abschmecken. Den Joghurt erst zugeben, wenn die Tahina mit Zitrone angerührt ist!

Petersilien-Tahinasauce
Libanon

2 große Bund Petersilie
1 fein gehackte Knoblauchzehe
1 Prise gemahlener Kreuzkümmel
5 EL Tahina (Seite 31)
5 EL Zitronensaft

Die Petersilie fein hacken. Knoblauch, Kreuzkümmel und Salz unter die Tahina mischen. Mit Zitronensaft und etwas Wasser verrühren, bis ein glatter Brei entsteht. Die Petersilie untermischen.

Satsuma-Salatsauce
Libanon

Alle Zutaten miteinander verrühren.

Die Sauce ist im Kühlschrank bis zu 14 Tage haltbar.

3 EL Sonnenblumenöl
2 EL Zitronensaft
120 ml Satsuma- oder Mandarinensaft
2 EL Honig
etwas abgeriebene Satsumaschale

Pistaziensauce
Libanon

Die Pistazien im Mörser zerstoßen, die Frühlingszwiebeln fein hacken.
In einer Schüssel alle Zutaten zu einer Sauce verarbeiten, nach Geschmack mit Pfeffer und Salz würzen.

50 g gesalzene Pistazien
4 Frühlingszwiebeln
4 EL Zitronensaft
8-10 EL Olivenöl
etwas abgeriebene Zitronenschale

Haselnusssauce
Türkei

Das Brot einweichen, anschließend so viel Flüssigkeit wie möglich herauspressen. In einer Schüssel Brot mit zerdrücktem Knoblauch und Nüssen vermischen. Zitronensaft einrühren und das Öl – wie bei einer Mayonnaise – langsam unterrühren, bis die Sauce eine dünne, sämige Konsistenz hat. Mit Salz würzen.
Gut durchgekühlt verwenden.

etwas altes Weißbrot oder Brötchen
3-5 Knoblauchzehen
1 Tasse gemahlene Haselnusskerne
4 EL Zitronensaft
etwa 10 EL Olivenöl

Kreuzkümmel-Zitronen-Dressing
Libanon

1 1/2 TL gemahlener Kreuzkümmel
1 Messerspitze Kurkuma
1 EL Zucker
5 EL Zitronensaft
8-10 EL Olivenöl

Alle Zutaten bis auf das Öl miteinander vermischen, bis sich der Zucker gelöst hat. Dann das Öl zugeben und erneut verrühren.

Walnusssauce
Türkei

2 Frühlingszwiebeln
etwas frische Petersilie
etwas frische Minze
1 Tasse gehackte Walnusskerne
5-7 fein gehackte Knoblauchzehen
2 EL weißer Essig

Frühlingszwiebeln, Petersilie und Minze fein hacken. Alle Zutaten zu einer Sauce verarbeiten, falls nötig, wenig Wasser zugießen.

Zitronensauce
Ägypten

1 Knoblauchzehe
1 Prise scharfer roter Pfeffer
3 EL Zitronensaft
6 EL Olivenöl
1 EL abgeriebene Zitronenschale
1/2 TL Zucker
1/4 TL Paprikapulver
1/4 TL gemahlener Kreuzkümmel
1/4 TL gehackter frischer Koriander

Knoblauch mit Salz im Mörser zerstoßen. Pfeffer, Zitronensaft und Öl zugeben. Zuletzt die Gewürze nach Geschmack zugeben und alles gut verrühren.

Fleisch

Ägyptisches Hähnchen
Fre'gh

Das Hähnchen in Salzwasser etwa 20 Minuten kochen, bis das Fleisch halb gar ist. Währenddessen die Tomaten vierteln, die Möhren schaben und in Scheiben, die Zwiebeln in feine Ringe schneiden.
In einem Topf 150 g Butter zerlassen, Zwiebeln und zerdrückten Knoblauch dünsten. Möhren zugeben und mitdünsten. Schließlich Tomaten und Brühe zugeben. Bei schwacher Hitze 15 bis 20 Minuten köcheln, anschließend durch ein Sieb drücken.
Den Reis in der restlichen Butter andünsten. Das Hähnchen in kleine Stücke zerlegen. Die durchgedrückte Bouillon-Masse mit etwas Butter in einen Topf geben, Gewürze, Pfeffer und Salz hinzufügen. Den Reis einrühren, die Hähnchenstücke darauf geben. Alles 20 bis 25 Minuten leicht köcheln.
Auf einer großen Platte anrichten.

1 Hähnchen
1 kg Tomaten
4 Möhren
3 Zwiebeln
200 g Butter
1/2 Knoblauchzehe
100 ml Brühe
1 Tasse Reis
gemahlener Zimt
geriebene Muskatnuss
Thymian
Lorbeer
2 Messerspitzen gemahlener Kardamom

Hähnchen in Walnuss-Granatapfel-Sauce
Khorescht-e-Fessendschan (Iran)

1 großes Hähnchen
Öl
300 g Walnusskerne
1 Zwiebel
450 ml frischer Granatapfelsaft oder 125 ml Granatapfelsirup, mit 375 ml Wasser verdünnt
2 EL Zitronensaft
1 EL Tomatenmark
2 EL Zucker
1/4 TL Safranfäden
1 Zimtstange

Das Hähnchen in Stücke zerteilen, pfeffern und salzen. Etwas Öl erhitzen, das Fleisch von allen Seiten goldbraun braten und zur Seite stellen.
Die Walnüsse fein mahlen oder zerhacken. Die Zwiebel fein würfeln. Etwas Öl erhitzen und die Zwiebel anbraten. Die Walnüsse hinzufügen und unter häufigem Rühren leicht anrösten. Granatapfelsaft, Zitronensaft, Tomatenmark, Zucker, Safran, Zimt und, falls nötig, etwas Wasser zugeben, kurz aufkochen. Das Fleisch in die Sauce geben und alles bei schwacher Hitze etwa eine Stunde köcheln.
Die Sauce eventuell mit Pfeffer, Salz, Zucker und Zitronensaft abschmecken.

Dazu passt Basmatireis.

Hähnchenspieße mit Safran
Dschudsch-e-Kabab (Iran)

einige Stunden marinieren

4 Hähnchenbrüste
1/2 TL Safranfäden
1 Zitrone oder Limone (Saft)
Öl

Die Hähnchenbrüste in große Würfel schneiden.
Safran in etwas warmem Wasser einweichen und dem Zitronensaft zugeben. Die Mischung mit Pfeffer und Salz abschmecken, etwas Öl zugießen. Das Fleisch in die Marinade legen und einige Stunden ziehen lassen.
Das Fleisch auf Spieße stecken und über Holzkohle grillen – oder im Ofen, dabei wenden.

Dazu passen Basmatireis, Fladenbrot (Seite 65), Salat oder Gurkenjoghurt (Seite 49).

Tauben mit Pflaumen und Zwiebeln

Lhmamm m'qalli maa lbrqoq oe lbasla (Marokko)

3 Stunden Zubereitungszeit

500 g getrocknete Pflaumen
8 Tauben
1 kg Zwiebeln
1 Bund Petersilie
100 g Butter
2 gehackte Knoblauchzehen
1/2 TL gemahlener Zimt
1 TL Ingwerpulver
1/4 TL Safranpulver
200 g geschälte Mandeln
Öl

Die entkernten Pflaumen etwa drei Stunden wässern. Währenddessen die Tauben ausnehmen und gründlich waschen. Eine Zwiebel und die Petersilie hacken.
In einem Topf Butter zerlassen, die gehackte Zwiebel und Knoblauch goldbraun braten. Die Tauben zugeben und kurz anbraten. Mit Zimt, Ingwer und Safran würzen, nach Geschmack salzen. Mit 1 l Wasser ablöschen, zum Kochen bringen und etwa 40 Minuten kochen.
Die ganzen Zwiebeln mit Petersilie zugeben, alles weitere 15 Minuten köcheln.
Die Pflaumen aus dem Wasser nehmen und in Salzwasser etwa 5 Minuten kochen. Die Mandeln in Streifen schneiden. In einer Pfanne etwas Öl erwärmen und die Mandeln goldbraun braten.
Zum Servieren die Tauben auf einer Platte kreisförmig anrichten und die Zwiebeln in die Mitte legen. Die Pflaumen darüber geben, mit Mandeln bestreuen.

Variante

Die Tauben können durch Huhn ersetzt werden.

Fleischragout mit Kräutern und Bohnen

Khorescht-e-Ghormeh-Sabsi (Iran)

70 g Ghormeh-Sabsi-Kräutermischung
2 Zwiebeln
Öl
500 g Lammfleisch in Würfeln oder Rindergulasch
250 g rote Bohnen aus der Dose
3 getrocknete Limonen (als »Limo Amani« in arabischen Läden erhältlich)

Die Kräutermischung einige Minuten in Wasser einweichen. Die Zwiebeln hacken.
In einem Topf Öl erhitzen, Fleisch und Zwiebeln scharf anbraten. Die abgetropften Kräuter zugeben und kurz anbraten. Mit 3 Tassen Wasser ablöschen und alles zum Kochen bringen. Bohnen und Limonen zugeben, mit Pfeffer und Salz würzen. Bei schwacher Hitze zugedeckt anderthalb bis zwei Stunden garen.

Dazu passt Basmatireis.

Variante

Statt der Bohnen aus der Dose können getrocknete Bohnen verwendet werden, die über Nacht in Wasser eingeweicht werden.

Fleischragout mit Auberginen und gelben Erbsen

Ghemeh Bademdschan (Iran)

4 -5 Stunden Zubereitungszeit

4 mittelgroße Auberginen
150 g geschälte, halbierte Kichererbsen
300 g Tomaten
2 Zwiebeln
3 getrocknete Limonen (als »Limo Amani« in arabischen Läden erhältlich)
Öl
500 g Lammfleisch in Würfeln oder Rindergulasch
1/2 TL Kurkuma
1 EL Tomatenmark
1/2 TL Rosenpaprika

Die Auberginen schälen, der Länge nach in 1 cm dicke Scheiben schneiden, mit Salz bestreuen und vier Stunden ziehen lassen.
Nach zwei Stunden die Kichererbsen unter kaltem Wasser abspülen und einige Minuten einweichen, dann in einem Sieb abtropfen lassen. Die Tomaten kurz in kochendes Wasser tauchen und häuten. Die Zwiebeln würfeln. Die Limonen mit einem spitzen Messer von allen Seiten einritzen.
In einem Topf Öl erhitzen, Fleisch und Zwiebeln scharf anbraten, mit Pfeffer, Salz und Kurkuma würzen. Kichererbsen und Tomatenmark 2 Minuten mitbraten. Alles mit 4 Tassen Wasser ablöschen, Tomaten und Limonen zugeben. Alles bei schwacher Hitze zugedeckt etwa anderthalb Stunden garen.
Die Auberginenscheiben unter kaltem Wasser abspülen, trockentupfen und mit etwas Kurkuma würzen. In einer Pfanne reichlich Öl erhitzen und die Auberginen von beiden Seiten goldbraun braten. Auf einen Teller mit saugfähigem Papier legen. Die Auberginenscheiben vorsichtig in die Sauce geben. Mit Salz und Paprika abschmecken, weitere 15 Minuten ziehen lassen.

Dazu passt Basmatireis.

Lammragout mit Joghurt
Lahim Kharouf bi Laban (Türkei)

- *600 g mageres Lammfleisch aus der Schulter*
- *1 große weiße Zwiebel*
- *3 EL Butterschmalz*
- *50 g Pinienkerne*
- *1 TL Kurkuma*
- *je 1 Messerspitze Kreuzkümmel, Pimentpulver, geriebene Muskatnuss, Safranpulver*
- *1 kleines Stück Zimtstange*
- *500 g säuerlicher Vollmilch-Joghurt*
- *1 Eiweiß*
- *2 TL Stärke*
- *2 dünne geröstete Fladenbrote (Seite 65)*

Das Fleisch kalt abspülen und in 3 cm große Würfel schneiden. In einen großen Topf legen, knapp mit Wasser bedecken, Pfeffer und Salz zugeben, zum Kochen bringen. Abschäumen und bei mittlerer Hitze zugedeckt etwa 30 Minuten garen.

Währenddessen die Zwiebel fein würfeln. In einer Pfanne Butterschmalz schwach erhitzen und die Pinienkerne unter Wenden rösten. Herausnehmen und zur Seite stellen. Im verbliebenen Fett die Zwiebel glasig braten. Die Gewürze zugeben und unter Rühren etwa 2 Minuten anbraten. Zum Fleisch geben, gut vermengen und alles bei schwacher bis mittlerer Hitze zugedeckt weitere 30 Minuten garen.

Den Joghurt in eine Pfanne geben. Eiweiß verquirlen, mit Stärke und etwas Salz in den Joghurt rühren, bis keine Klümpchen mehr vorhanden sind. Alles bei mittlerer Hitze zum Kochen bringen, dabei gelegentlich rühren. Die Hitze reduzieren und die Mischung bei schwacher Hitze ohne Deckel 3 bis 5 Minuten köcheln, bis sie dicklich ist.

Wenn das Fleisch weich ist, die Sauce bei starker Hitze ohne Deckel etwa 5 Minuten auf die Hälfte einkochen. Den Joghurt einrühren und alles bei mittlerer Hitze ohne Deckel etwa 15 Minuten kochen.

Die Zimtstange entfernen, mit Pfeffer und Salz abschmecken.

Auf in Stückchen gebrochenem Fladenbrot servieren und mit Pinienkernen bestreuen.

Leber-Nieren-Ragout

Kirsheh (Jemen)

500 g Nieren
500 g Leber
3 Tomaten
1 Zwiebel
5 Knoblauchzehen
1/2 TL Kurkuma
1/2 TL Kreuzkümmel
1/2 TL Korianderpulver
1 Kardamomsamen
Öl
1 Messerspitze gemahlener Ingwer

Die Nieren waschen, häuten, in kleine Würfel schneiden und eine Stunde in Wasser legen, dabei das Wasser öfter wechseln. Herausnehmen, abtropfen lassen und trockentupfen.
Die Leber in kleine Würfel schneiden. Die Tomaten kurz in kochendes Wasser tauchen, häuten und würfeln. Die Zwiebel fein würfeln. Zerdrückten Knoblauch mit Kurkuma, Kreuzkümmel, Koriander und zerdrücktem Kardamom mischen, bis eine dicke Paste entsteht.
In einer Pfanne Öl erhitzen und die Nieren unter ständigem Rühren anbraten, bis die Flüssigkeit verdunstet ist. Herausnehmen und zur Seite stellen.
Die Zwiebel im selben Öl glasig anbraten. Die Temperatur auf ein Minimum reduzieren, Knoblauchpaste und Ingwer zugeben, unter ständigem Rühren weitere 3 Minuten erhitzen.
Die Nieren zurück in die Pfanne geben und die Leberwürfel beifügen. Alles etwa 10 Minuten erhitzen, dabei ständig rühren.
Wenn die Leber braun wird, die Tomaten zugeben, mit Pfeffer und Salz würzen. Alles weitere 5 Minuten erhitzen, bis die Tomaten gar sind.

Dazu passt Reis.

Geschmortes Fleisch und Gemüse im Tontopf

Güveç (Türkei)

3 Kartoffeln
3 Auberginen
3 Tomaten
5 Peperoni
2 Zwiebeln
3 EL Butter
500 g Rindfleisch in Stücken

Das Gemüse putzen und in Stücke schneiden. Die Zwiebeln würfeln.
In einer Pfanne 2 EL Butter erhitzen und die Zwiebeln andünsten. Das Fleisch zugeben und bei mittlerer Hitze anbraten. Mit dem Gemüse in einem Tontopf anrichten, pfeffern und salzen, Butterflöckchen darauf setzen. 1/2 l Wasser zugießen und den Topf mit Aluminiumfolie verschließen. Bei schwacher Hitze oder im Backofen bei 180° C 50 Minuten garen.

Gedünstetes Lamm in Papierfolie

Etli Kağıt Kebabı (Türkei)

1-2 Kartoffeln
2-3 mittelgroße Zwiebeln
1 EL Butter
500 g Lammfleisch in Würfeln
Thymian
1 kleine Dose Erbsen

Pergamentpapier oder Aluminiumfolie in sechs Stücke von je 25 mal 30 cm Größe schneiden. Die Kartoffeln schälen und in Würfel, die Zwiebeln in Ringe schneiden.
Butter zerlassen und das Fleisch mit Pfeffer, Salz und Thymian kurz anbraten. In die Mitte jedes Papierstücks etwas Fleisch legen, mit Zwiebelringen umgeben, Kartoffeln und Erbsen zufügen. Das Papier darüber klappen und an den Seiten fest verschließen. Im Ofen bei mittlerer Hitze etwa 55 Minuten backen.
Im Papier servieren.

Rindfleisch-Bohnen-Eintopf
Abguscht (Iran)

Das Fleisch waschen. Die Kartoffel schälen, die Zwiebel in Ringe schneiden.
Fleisch mit Bohnen, Zwiebel, Kurkuma, Pfeffer und Salz in einem mittelgroßen Topf mit Wasser bedecken und bei mittlerer Hitze anderthalb bis zwei Stunden kochen.
Kartoffel, Tomate sowie Reis zugeben und alles weiterkochen, bis die Zutaten gar sind.
Die Knochen aus der Brühe nehmen, das Fleisch lösen und in kleine Stücke schneiden. Das Gemüse zerstampfen, pfeffern und salzen, mit Zitronensaft abschmecken.

500 g Rindfleisch mit Knochen
1 Kartoffel
1 Zwiebel
150 g rote Bohnen
150 g weiße Bohnen
1 EL Kurkuma
1 Tomate
75 g Langkornreis
4 EL Zitronensaft

Grüner Bohnen-Eintopf
Etli Taze Fasulye (Türkei)

Das Fleisch in mundgerechte Stücke schneiden. Die Bohnen unter kaltem Wasser waschen, von den Stielen befreien und ein- oder zweimal durchschneiden. Die Tomaten kurz in kochendes Wasser tauchen, häuten und würfeln. Die Zwiebeln würfeln, die Petersilie hacken.
In einem Topf Butter zerlassen und die Zwiebeln glasig anbraten. Fleisch zugeben und anbraten, bis das aus dem Fleisch austretende Wasser wieder einkocht. Etwas Wasser zugießen und 10 Minuten schmoren. Tomaten beifügen und 5 Minuten weiterdünsten. Bohnen, Pfeffer und Salz zugeben, mit 2 Tassen Wasser auffüllen und alles zugedeckt etwa 30 Minuten garen.
Mit Petersilie bestreut servieren.

für 6 Personen

500 g Rindfleisch
1 kg grüne Bohnen
3 Tomaten
2 Zwiebeln
1 Bund Petersilie
2 EL Butter

Kalbsspieße
Kabab-e-Barg (Iran)

am Vortag beginnen

1/2 TL Safran
1/2 Tasse Joghurt
1 EL geriebene Zwiebel
1 EL Zitronensaft
500 g Kalbsfilet
2 Paprikaschoten (rot und grün)
120 g kleine Zwiebeln oder Silberzwiebeln
8 Cocktailtomaten

Safran zerstoßen, in einem Glas mit 1/4 Tasse heißem Wasser übergießen und zugedeckt einige Minuten ziehen lassen.
In einer Schüssel Joghurt und Safranaufguss vermischen. Zwiebel und Zitronensaft zugeben, mit Pfeffer und Salz abschmecken.
Das Fleisch in Würfel schneiden und über Nacht in der Mischung marinieren.
Am nächsten Tag Paprika halbieren und entkernen, das weiße Fruchtfleisch entfernen, die Schote in Stücke schneiden. Abwechselnd Fleischstücke, Tomaten, Paprika und Zwiebeln auf Spieße stecken und über Holzkohle oder im Ofen grillen.

Dazu passen Basmatireis, Fladenbrot (Seite 65) oder Salat, etwa Spinatsalat (Seite 91).

Mansaf
Jordanien

für 6-8 Personen

1 1/2 kg Lammfleisch aus der Keule
2 große Zwiebeln
3-4 Knoblauchzehen
5 Tassen gekochter Joghurt (Seite 95)
2 Tassen Reis
1/2 Tasse Mandelsplitter
2 EL Butter oder Butterschmalz
4 Fladenbrote (Seite 65)

Das Fleisch in mundgerechte Stücke, die Zwiebeln in Ringe schneiden. Beides mit zerdrücktem Knoblauch, Pfeffer und Salz in reichlich Wasser 20 Minuten kochen.
Die Brühe abgießen und auffangen. Gekochten Joghurt über die Fleischstücke geben und bei schwacher Hitze ohne Deckel weitere 10 Minuten kochen. Falls der Joghurt zu dick wird, Brühe unterrühren.
Den Reis kochen. Die Mandelsplitter in etwas Butter goldbraun braten. Das Brot toasten oder aufbacken, in kleine Stücke zerbrechen und auf dem Boden eines großen Bräters verteilen. Zwei Drittel des Joghurts durch ein Sieb gießen, 10 Minuten durchziehen lassen.
Den Reis darüber geben, die Fleischstücke darauf legen, mit Mandelsplittern garnieren.
Den Rest des Joghurts in eine Schüssel füllen und getrennt servieren.

Fatta mit Lammnacken

Fatta al-ra'ba (Ägypten)

3 Stunden Zubereitungszeit
für 8 Personen

1 1/2 kg Lammfleisch aus Keule oder Schulter
2 Tassen Brühe
2-3 Kardamomsamen
1 große Zwiebel
2 türkische Fladenbrote
Butter
1 1/2 Tassen Fleischbrühe

für den Reis:
2 EL Butterschmalz
2 Tassen Reis

für die Knoblauchsauce:
3-4 EL Butterschmalz
etwa 20 Knoblauchzehen
3 EL Essig
2 Tassen Tomatenpüree
Pfeffer
Chilipulver
1/2-1 TL Piment

Fatta ist eines der Gerichte, die bei Familienfeiern und religiösen Festen in vielen verschiedenen Varianten serviert werden: mit Geflügel, Rind- oder Hammelfleisch, mit einer Tomaten- oder Joghurtsauce.

Das Fleisch in 4 bis 5 cm große Würfel schneiden. In einem großen Topf Brühe zum Kochen bringen, Fleisch mit Kardamom, Pfeffer und Salz zugeben. Den Schaum abschöpfen. Die ganze Zwiebel beifügen und das Fleisch anderthalb Stunden kochen.
Währenddessen für den Reis in einem Topf Butterschmalz erhitzen und den Reis bei starker Hitze unter ständigem Rühren 3 bis 4 Minuten anbraten. 3 Tassen Wasser mit etwas Salz zugießen und aufkochen. Den Topf verschließen und den Reis bei niedrigster Hitze 15 bis 20 Minuten kochen. Dann den Topf vom Herd nehmen und 10 Minuten ruhen lassen. Den Reis mit einer Gabel auflockern.
Die Fladenbrote im Ofen bei 180° C knusprig backen. In kleine Stückchen zerbrechen. Zur Verfeinerung in Butter schwenken.
Für die Knoblauchsauce Butterschmalz erhitzen und den zerdrückten Knoblauch schwenken, bis er golden ist – nicht braun werden lassen, da er dann bitter schmeckt. Essig zugießen und 1 Minute kochen, alle weiteren Zutaten beifügen. Kochen, bis das Tomatenpüree eine bräunliche Farbe annimmt und die Sauce eindickt.
Einen Bräter mit dem knusprigen Brot auslegen. Mit etwas Brühe begießen, die vom Brot aufgesogen wird. Die Fleischstücke darauf legen, den Reis darüber schichten. Zuletzt mit der Sauce begießen.

Variante

Statt der Knoblauch- eine Zwiebelsauce zubereiten: Dazu den Knoblauch durch zwei fein gehackte Zwiebeln ersetzen.

Hackbraten gefüllt mit Möhren und Erbsen

Dalyan Köfte (Türkei)

2 mittelgroße Möhren
3 Zwiebeln
500 g Hackfleisch vom Rind
4 EL gehackte frische Petersilie
2 TL Senf
Paprikapulver
1 kleine Dose Erbsen
1 TL Tomatenmark
1 EL Mehl
2 EL Butter

Die Möhren schaben, in Stücke schneiden und in wenig Salzwasser 15 bis 20 Minuten kochen. Währenddessen die Zwiebeln würfeln. In einer Schüssel Hackfleisch mit Zwiebeln, der Hälfte der Petersilie, Senf, Paprika, Pfeffer und Salz gut vermischen. Den Backofen auf 200° C vorheizen.

Die Hackfleischmasse zu einem 3 cm dicken Viereck ausrollen. Die Möhren darauf legen, von Erbsen umgeben, den Hackfleischteig von beiden Seiten herumschlagen und die Enden fest andrücken. In eine eingefettete Auflaufform legen.

Das Tomatenmark mit 1/4 l Salzwasser und Mehl verrühren, restliche Petersilie dazugeben, mit Paprika, Pfeffer und Salz abschmecken. Über den Hackbraten gießen, Butterflöckchen darauf setzen und alles 30 Minuten backen.

Hackfleisch im Ofen gebraten
Kibbe fil furn (Libanon)

für 6 Personen

250-500 g Burghul (Seite 25)
2 Zwiebeln
500 g Hackfleisch von Rind oder Lamm
Chilipulver

für die Füllung:
2 Zwiebeln
1/2 Tasse Olivenöl
1/2 Tasse gehackte Walnuss- oder Pinienkerne
500 g Hackfleisch von Rind oder Lamm
1/2 TL gemahlener Zimt
nach Geschmack: Essigbaumgewürz

Den Burghul 5 Minuten in Wasser einweichen, dann in einem Sieb gut abtropfen lassen. Die Zwiebeln fein würfeln. Hackfleisch und Zwiebeln im Mixer mischen, den Burghul zufügen und weiter mischen. Die Masse in einer Schüssel mit Pfeffer, Salz und Chili gut durchkneten. Mit einem feuchten Tuch bedeckt zur Seite stellen.
Für die Füllung die Zwiebeln fein würfeln. Etwas Öl erhitzen und die Walnüsse anbraten, herausnehmen und abtropfen lassen. Im selben Öl die Zwiebeln anbraten. Hackfleisch, Zimt, Essigbaumgewürz, Pfeffer und Salz hinzufügen, unter Rühren 15 Minuten braten. Vom Herd nehmen und die Walnüsse zugeben.
Die Hälfte der Burghul-Hackfleisch-Mischung in eine eingefettete feuerfeste Form füllen, mit angefeuchteten Händen glatt streichen. Mit der Füllung bedecken, die restliche Mischung darüber schichten und ebenfalls glatt streichen. Mit dem restlichen Öl begießen und mit einem Messer kreuz und quer einritzen, damit das Öl eindringen kann. Die Form in den auf 200° C vorgeheizten Ofen stellen und etwa 20 Minuten braten, bis das Fleisch eine braune Farbe annimmt.

Nach libanesischer Art mit frischer Minze servieren. Dazu passen Joghurt und Gurkensalat (Seite 85).

Varianten

Gefüllte Hackfleischbällchen
Akras al kibbe al mahshia (Libanon)

Kalte Bällchen sind eine beliebte Vorspeise.

Aus der Burghul-Hackfleisch-Mischung kleine Bällchen formen. Mit dem Zeigefinger ein Loch eindrücken und 1 bis 2 TL Füllung hineingeben. Mit der Mischung verschließen und mit angefeuchteten Händen glätten. In heißem Öl braten.

Hackfleischbällchen in Joghurt
Kibbe bil laban (Libanon)

1 l gekochter Joghurt (Seite 95)
2-3 Knoblauchzehen
1 Bund Koriander
2 EL Butterschmalz
getrocknete Minze

Aus der Burghul-Hackfleisch-Mischung kleine Bällchen formen. Mit dem Zeigefinger ein Loch eindrücken und die Füllung hineingeben. Mit der Mischung verschließen und mit angefeuchteten Händen glätten.
Den Joghurt unter Rühren erhitzen. Wenn er zu kochen beginnt, die Bällchen vorsichtig hineinlegen. Bei starker Hitze 5 Minuten kochen und darauf achten, dass die Bällchen nicht aneinander kleben.
Knoblauch mit etwas Salz im Mörser zerstoßen. Den Koriander hacken. Die Knoblauchpaste in Butterschmalz schwenken. Koriander und Minze hinzufügen, ebenfalls kurz schwenken. Alles zum Joghurt und den Hackfleischbällchen geben.
Heiß mit Reis oder kalt als Vorspeise servieren.

Türkische Hackfleischpizza
Lahmacun

450 g Mehl
20 g frische Hefe
2 vollreife Tomaten
4 Frühlingszwiebeln
2 lange grüne Peperoni, nach Geschmack mild oder scharf
2 mittelgroße rote Zwiebeln
2 Bund glattblättrige Petersilie
250 g Hackfleisch
2 TL Rosenpaprika
1 Messerspitze gemahlener Kreuzkümmel
2 EL Olivenöl
1 TL gemahlenes Essigbaumgewürz
1/2 ungespritzte Zitrone

Das Mehl mit Salz in eine große Schüssel sieben, in die Mitte eine Mulde drücken. Die Hefe hineinbröckeln und mit 125 ml lauwarmem Wasser verrühren. Etwas Mehl darüber streuen und an einem warmen Ort zugedeckt gehen lassen.
125 ml Wasser untermengen und den Teig etwa 10 Minuten kneten, bis er elastisch ist und nicht mehr klebt. An einem warmen Ort zugedeckt weitere 30 Minuten gehen lassen, bis sich das Volumen verdoppelt hat.
Tomaten häuten, entkernen und würfeln, Frühlingszwiebeln fein schneiden. Die Peperoni halbieren und entkernen, das weiße Fruchtfleisch entfernen, die Schoten in feine Würfel schneiden. Rote Zwiebeln in dünne Ringe schneiden. Von der Petersilie die eine Hälfte grob, die andere sehr fein hacken.
Die Gemüse – ohne rote Zwiebeln und grob gehackte Petersilie – mit Hackfleisch in eine Schüssel geben, Paprika, Salz, reichlich Pfeffer, Kreuzkümmel und Öl hinzufügen, alles gründlich miteinander verkneten. Zwiebelringe und grob gehackte Petersilie mit Essigbaumgewürz bestreuen und vermengen.
Den Ofen auf 275° C vorheizen und Backbleche mit Öl einpinseln. Den Teig nochmals durchkneten, in sechs bis acht gleich große Stücke teilen und zu Kugeln formen. Zu dünnen Fladen ausrollen, auf die Bleche legen und mit Fleischmasse bestreichen. 10 bis 15 Minuten backen, bis sich der Rand zu färben beginnt.
Auf jeden Fladen einen Teil der Zwiebelmischung geben, nach Geschmack einige Tropfen Zitronensaft. Eventuell mit dünn abgeschälten Streifen der Zitronenschale dekorieren.

In der Türkei isst man Lahmacun gerne zusammengeklappt aus der Hand.
Essigbaumgewürz gibt dem Gericht eine fruchtige, säuerliche Note und wird im Mittleren Osten gerne statt Zitronensaft oder Essig verwendet.

Gedünstetes Hackfleisch
Gurme Gima (Afghanistan)

2 Zwiebeln
60 ml Öl
3 Knoblauchzehen
500 g Hackfleisch vom Rind
3 EL Tomatenmark
1/2 TL Cayennepfeffer
1/2 TL scharfes Currypulver
1 TL gemahlene Korianderkörner

Die Zwiebeln fein würfeln. In einer großen Pfanne Öl erhitzen, Zwiebeln und zerdrückten Knoblauch glasig dünsten. Hackfleisch zugeben und unter Wenden braun anbraten.
Tomatenmark mit 100 ml Wasser und Gewürzen verrühren, zum Fleisch geben und 5 Minuten kochen. 1/4 l Wasser zugießen und alles bei mittlerer Hitze zugedeckt weitere 40 Minuten kochen.

Hackfleischspieße
Kabab-e-Kubide (Iran)

1-2 Zwiebeln
500 g fein durchgedrehtes Hackfleisch von Rind oder Lamm
1 Prise Safran
40 g Butter
1 Zitrone (Saft)
Essigbaumgewürz

Die Zwiebeln fein reiben und unter das Hackfleisch mischen, mit Pfeffer und Salz würzen.
Im Iran wird die Mischung auf speziellen, 2,5 cm breiten und etwa 60 cm langen Metallspießen über Holzkohle gegrillt. Dazu wird das Hackfleisch mit angefeuchteten Händen flach um den Spieß gegeben und fest angedrückt, der Spieß bleibt an beiden Enden 10 cm frei. Er wird beim Grillen häufig gewendet, damit das Hackfleisch gleichmäßig fest wird. Wer keine Kebabspieße besitzt, kann das Hackfleisch zu länglichen, flachen Frikadellen formen, direkt auf den Grill geben oder auf ein Backblech legen und im Ofen grillen, dabei einmal wenden.
Währenddessen den in 1 EL heißem Wasser aufgelösten Safran in einen kleinen Topf geben. Butter und Zitronensaft einrühren und erhitzen.
Die fertigen Spieße mit der Sauce einpinseln und mit Essigbaumgewürz bestreuen.

Dazu passen Basmatireis, Fladenbrot (Seite 65), Grilltomate, Auberginensalat (Seite 86) oder Gurkenjoghurt (Seite 49).

Nudeltäschchen

Mantı (Türkei)

Die türkischen Nudeltäschchen mit Hackfleischfüllung, die von Feinschmeckern überall auf der Welt geschätzt werden, haben ihre Wiege in der mittelanatolischen Stadt Kayseri. Dort bereitet man sie traditionell so klein zu, dass 40 Stück in einem Suppenlöffel Platz finden.

für 6-8 Personen

375 g Mehl
1 Ei

für die Füllung:
1 Zwiebel
250 g Hackfleisch vom Rind
2 EL gehackte frische Petersilie
3 TL Rosenpaprika

für die Beilagen:
4 Knoblauchzehen
4 Becher Joghurt
3 EL Butter
1 TL Rosenpaprika

Das Mehl und Ei mit so viel Wasser verkneten, dass ein fester Teig entsteht. Den Teig halbieren, in eine Schüssel legen, mit einem Tuch bedecken und 30 Minuten ruhen lassen.
Für die Füllung die Zwiebel reiben und mit Hackfleisch, Petersilie, Pfeffer, Salz und Paprika gut vermischen.
Den Teig knapp 2 mm dick ausrollen und in 3 cm große Quadrate schneiden. Etwas Hackfleischfüllung darauf geben, den Teig diagonal zusammenklappen und die Ränder mit dem Finger gut festdrücken. In einem großen Topf reichlich Salzwasser zum Kochen bringen und die Teigtaschen 10 bis 15 Minuten kochen.
Für die Beilagen zerdrückten Knoblauch in den Joghurt rühren, mit etwas Salz abschmecken. In einer Pfanne Butter zerlassen und das Paprika kurz durchbraten.
Die Nudeltäschchen in ein Sieb geben, kurz abschrecken und auf Tellern verteilen. Reichlich Knoblauch-Joghurt darüber geben und mit Paprika-Butter beträufeln.

Gefüllte Auberginen
Karnıyarık (Türkei)

4 mittelgroße Auberginen
reichlich Öl
4 EL Butter
250 g Hackfleisch vom Rind
3 Tomaten
1 Zwiebel
gehackte frische Petersilie
4 Peperoni
4 Scheiben Tomaten zum Garnieren

Die Enden der Auberginen abschneiden, die Auberginen aushöhlen und streifenförmig schälen: einen 1 cm breiten Streifen schälen und einen ebenso breiten stehen lassen.
Öl erhitzen und die Auberginen von allen Seiten anbraten. Aus der Pfanne nehmen, in eine Auflaufform oder Fettpfanne setzen, oben mit einem Messer einschneiden. Den Backofen auf 180° vorheizen.
Währenddessen in der Pfanne Butter zerlassen und das Hackfleisch anbraten. Die Tomaten hacken, die Zwiebel reiben, beides beifügen und nochmals etwas andünsten. Petersilie, etwas Pfeffer und Salz untermischen. Die Mischung in die Auberginen füllen. Die Peperoni halbieren, mit einer Tomatenscheibe auf jede Aubergine setzen. Etwa 1/4 l Salzwasser in die Auflaufform gießen und alles im Backofen 20 Minuten garen.

Zucchini mit Hackfleischfüllung
Kabak Dolması (Türkei)

1/2 Tasse Reis
4 große Zucchini
5 Tomaten
1 Zwiebel
1/2 Bund Dill
1/2 Bund Petersilie
250 g Hackfleisch vom Rind
1 EL Butter
1/2 l Gemüsebrühe

Den Reis in reichlich Wasser 10 Minuten vorkochen, dann abgießen und zur Seite stellen.
Die Zucchini schälen, längs halbieren und mit einem Löffel aushöhlen. Zwei Tomaten schälen und zerdrücken, die übrigen in acht Scheiben schneiden. Die Zwiebel reiben, die Kräuter hacken.
Das Hackfleisch mit Zwiebel, zerdrückten Tomaten, Reis, Kräutern, Pfeffer und Salz vermischen. Die Masse in die Zucchinihälften füllen, mit Tomatenscheiben verschließen, Butterflöckchen darauf setzen.
Die Zucchini nebeneinander in einen Topf stellen, der auf halbe Höhe der Zucchini mit Brühe gefüllt wird, und bei mittlerer Hitze 25 Minuten garen.

Dazu passt am besten Joghurt.

Gefüllte Paprikaschoten

Biber Dolması (Türkei)

1 Zwiebel
Öl
300 g Hackfleisch
100 g gekochter Reis
Oregano
Kümmel
4 Paprikaschoten
1 l Fleischbrühe
2 EL Tomatenmark
Zitronensaft
1 Becher saure Sahne
10 g Stärke

Die Zwiebel klein hacken.
Öl erhitzen und die Zwiebel andünsten. Hackfleisch zugeben und kurz anbraten. Reis und Gewürze untermischen.
Die Deckel der Paprika abschneiden, die Füllung hineingeben. Die Paprika in heißem Fett anbraten, mit Brühe ablöschen und die Schoten garen.
Das Tomatenmark einrühren, mit Pfeffer, Salz und Zitronensaft abschmecken. Die Sahne mit der Stärke verrühren und die Sauce damit binden.

Teigtaschen mit Hackfleisch

Sambosa (Afghanistan)

200 g Mehl
1 Päckchen Backpulver
8 mittelgroße Kartoffeln
1 Dose Erbsen
1 Chilischote
500 g Hackfleisch
Öl

Mehl, Backpulver, 1 TL Salz und 4 EL Öl mit so viel Wasser verkneten, dass ein fester Teig entsteht. Die Kartoffeln kochen, anschließend pellen und zerstampfen. Die Erbsen untermischen. Die Chili fein schneiden.
Etwas Öl erhitzen und das Hackfleisch braten, mit Pfeffer, Salz und Chili würzen. Kartoffeln und Erbsen untermischen. Den Backofen auf 200° C vorheizen.
Aus dem Teig Kugeln formen und ausrollen, mit der Mischung füllen und verschließen. Auf ein mit Öl bestrichenes Blech legen und im Ofen backen, bis der Teig gebräunt ist. Die Teigtaschen können auch in einer Pfanne mit Öl ausgebacken werden.

Fisch

Türkische Fischsuppe

Balık Çorbası (Türkei)

500 g Meeräsche oder ein anderer Weißfisch
2 Möhren
1/4 Sellerieknolle
1 große Kartoffel
5 mittelgroße Zwiebeln
3 EL Butter
1 1/2 EL Mehl
1 Ei
2 Zitronen (Saft)
2 EL gehackte frische Petersilie

Den Fisch säubern. Die Möhren schaben und klein schneiden. Sellerie und Kartoffel schälen und in kleine Würfel schneiden. Die Zwiebeln klein schneiden.

Das Gemüse in Salzwasser 10 bis 15 Minuten garen. In ein Haarsieb geben, die Brühe auffangen.

Währenddessen den Fisch in 1/4 l leicht gesalzenem Wasser bei schwacher Hitze 5 Minuten gar ziehen lassen. Herausnehmen, filetieren und entgräten. Zur Seite stellen und warm halten.

In einem Topf Butter zerlassen, Mehl kurz anschwitzen und mit Gemüsebrühe ablöschen. Das Gemüse durch das Haarsieb in den Topf streichen, mit Pfeffer und Salz abschmecken, den Fisch zugeben.

Ei, Zitronensaft und 125 ml Wasser vermischen, in die nicht mehr kochende Suppe rühren.

Die Suppe in Tassen oder Teller füllen und mit Petersilie bestreuen.

Gemüsetopf mit Fisch

Siniya batates bi samak (Ägypten)

1 1/2 kg Fischfilet
3 große Kartoffeln
3 Möhren
2 grüne oder gelbe Paprikaschoten
3 große Tomaten
2 große Zwiebeln
Öl
Kreuzkümmel
2 Tassen Gemüsebrühe
2 EL Zitronensaft

Den Ofen auf 180° C vorheizen.
Den Fisch waschen, trockentrupfen, in 10 cm große Stücke schneiden, mit Pfeffer und Salz einreiben. Die Kartoffeln in dünne Scheiben schneiden, die Möhren schaben. Die Paprika halbieren und entkernen, das weiße Fruchtfleisch entfernen, die Schoten in Stücke schneiden. Tomaten in dicke Scheiben, Zwiebeln in Ringe schneiden.
Öl erhitzen und die Zwiebelringe anbraten. Kartoffeln, Paprika und Möhren zugeben und kurz anbraten. Mit Kreuzkümmel, Pfeffer und Salz nach Geschmack würzen.
Eine Bratform mit etwas Öl ausfetten und einen Teil des Gemüses hineingeben. Den Fisch darauf legen, den Rest der Gemüses und zuletzt die Tomaten in dicken Scheiben darüber schichten. Mit Brühe und Zitronensaft übergießen und 40 bis 60 Minuten backen, bis die Kartoffeln weich sind.

Tintenfisch im Topf
Maraket subia (Tunesien)

Die Kichererbsen über Nacht in reichlich kaltem Wasser einweichen.
Am nächsten Tag abgießen. Die Tintenfische ausnehmen und in Ringe schneiden. Die Zwiebel fein hacken.
In einer hohen Pfanne Öl erhitzen und die Zwiebel anbraten. Die Tomaten zugeben, mit Harissa, Pfeffer und Salz abschmecken. Kichererbsen und Brühe beifügen. Tintenfische zugeben und bei schwacher Hitze etwa 50 Minuten köcheln, bis sie weich sind.
Die Kräuter hacken, hinzufügen und alles weitere 10 Minuten köcheln.

Mit Reis oder Couscous servieren.

am Vortag beginnen

100 g Kichererbsen
800 g kleine Tintenfische
1 große Zwiebel
4 EL Öl
1 Dose Pizzatomaten
1/2 TL Harissa (Seite 28)
1/2 l Gemüsebrühe
1 Bund Petersilie
1/2 Bund Koriander

Gefüllter Fisch mit Kräutern
Dolmeh-e-Mahi (Iran)

Die Fische ausnehmen, waschen und trockentupfen. Die Kräuter fein hacken.
In einer Pfanne Öl erhitzen und die Kräuter kurz darin schwenken, Kurkuma und zerdrückten Knoblauch zugeben. Granatapfel-Konzentrat, Pfeffer und Salz unterrühren. Die Pfanne vom Herd nehmen. Den Ofen auf 180° C vorheizen.
Die Fische mit der Mischung füllen, mit hölzernen Zahnstochern verschließen oder mit Küchengarn umwickeln. Einen Bräter mit Öl auspinseln, die Fische hineinlegen, etwas heißes Wasser zugießen. Den Bräter in den Ofen stellen und den Fisch etwa 40 Minuten braten, dabei zwei- bis dreimal mit Flüssigkeit übergießen.
Mit Zitronenscheiben garnieren.

Mit Reis oder Fladenbrot (Seite 65) servieren.

4 Brassen
1 kleines Bund Petersilie
1 kleines Bund Koriander
einige Blätter Minze
einige Blätter Basilikum
Olivenöl
1/2 TL Kurkuma
2 Knoblauchzehen
1 EL Granatapfel-Konzentrat
1 Zitrone

Gefüllter Barsch

Mahi-Sefid-e-Chekam-Por (Iran)

1 großer Barsch
100 g Trockenaprikosen
100 g Trockenpflaumen
100 g gemahlene Walnuss- oder Haselnusskerne
100 g Rosinen
2 EL Granatapfel-Konzentrat
1/2 TL Safran
30 g Butter
1 EL Zitronensaft
1 Zitrone

Den Barsch ausnehmen, waschen und trockentupfen. Innen und außen mit Salz einreiben. Den Ofen auf 180° C vorheizen.

Die Trockenfrüchte klein schneiden, mit Nüssen, Rosinen, Granatapfel-Konzentrat, Pfeffer und Salz vermischen. Den Fisch mit der Mischung füllen, mit hölzernen Zahnstochern verschließen oder mit Küchengarn umwickeln und in eine eingefettete Bratform legen. Die Form in den Ofen stellen und den Fisch mindestens 45 Minuten braten.

Safran in etwas heißem Wasser auflösen, mit zerlassener Butter und Zitronensaft vermischen. Den Fisch mit der Sauce begießen und weitere 10 Minuten braten.

Mit Zitronenscheiben garnieren und Reis oder Fladenbrot (Seite 65) dazu reichen.

Gefüllter Fisch mit Tahinasauce

Samak bil tahina (ostarabische Länder)

für 6 Personen

1 große oder 2 kleinere Doraden oder andere Brassen
1 Tasse Olivenöl
3 mittelgroße Zwiebeln
1 große grüne Paprikaschote
1 großes Bund Petersilie
100 g Pinienkerne
3 Knoblauchzehen
2 TL scharfer roter Pfeffer
1 Zitrone

für die Sauce:
1 Tasse Tahina (Seite 31)
1/2 Tasse Zitronensaft oder Wasser, je nach Geschmack
Kreuzkümmel

Den Fisch ausnehmen, waschen und trockentupfen. Innen und außen mit rotem Pfeffer und Salz einreiben. In eine Bratform 1/2 Tasse Öl gießen, den Fisch darin wenden und 15 Minuten ruhen lassen.
Währenddessen die Zwiebeln klein hacken. Die Paprika halbieren und entkernen, das weiße Fruchtfleisch entfernen, die Schote fein würfeln. Die Petersilie hacken. Die Pinienkerne anbraten. Den Ofen auf 200° C vorheizen.
Das restliche Öl erhitzen und die Zwiebeln anbraten. Paprika, zerdrückten Knoblauch, Pinienkerne, roten Pfeffer und Salz zugeben, 1 Minute schwenken. Die Hälfte der Petersilie zugeben, mit rotem Pfeffer und Salz würzen. Den Fisch mit der Mischung füllen, mit hölzernen Zahnstochern verschließen oder mit Küchengarn umwickeln. In Ofen je nach Größe 45 bis 60 Minuten braten.
Für die Sauce Tahina mit Zitronensaft, Pfeffer, Salz und Kreuzkümmel verrühren.
Den Fisch mit der Sauce übergießen, mit restlicher Petersilie bestreuen und mit Zitronenscheiben servieren.

Goldbrasse mit Couscous-Füllung
Lhot dhbi maa k'seksu oe chlit (Marokko)

1 kg schwere Goldbrasse
500 g maghrebinische Couscous-Füllung (Seite 154)
1/4 Tasse Öl
50 g Zucker
1/4 TL gemahlener Zimt
50 g Rosinen

Den Fisch ausnehmen und gründlich waschen. Mit der Couscous-Mischung füllen, mit hölzernen Zahnstochern verschließen oder mit Küchengarn umwickeln.
In einem Topf Öl und 1/4 l Wasser erhitzen. Den Zucker zugeben und rühren, bis er sich auflöst. Zimt, Rosinen und eine Prise Salz hinzufügen, etwa 10 Minuten köcheln.
Den Fisch in eine eingefettete Form legen, mit Rosinensauce übergießen und im auf 160° C vorgeheizten Ofen etwa 35 Minuten schmoren.
Herausnehmen und auf einer vorgewärmten Platte anrichten. Falls Couscous-Füllung übrig geblieben ist, diese im Dampf aufwärmen und um den Fisch legen. Alles mit Rosinensauce begießen und heiß servieren.

Krabben in Knoblauch-Paprika-Sauce
Qamrun (Marokko)

500 g große Krabben
50 g Butter
3 gehackte Knoblauchzehen
1/2 Bund Petersilie
2 TL edelsüßer Paprika
1/4 TL Cayennepfeffer
1/4 TL Kreuzkümmel
Zitronen

Die Krabben gründlich waschen und in reichlich kochendes Salzwasser geben. Etwa 10 Minuten kochen, anschließend schälen.
In einer Pfanne Butter zerlassen und den Knoblauch leicht anbraten. Petersilie hacken, zugeben und dünsten. Mit Paprika, Cayennepfeffer und Kreuzkümmel würzen, mit etwas Salz abschmecken, gut umrühren. Krabben zugeben und alles etwa 10 Minuten braten, dabei immer wieder umrühren.
Heiß servieren und geviertelte Zitronen dazu reichen.

Gebratene Sardinen

Sardalya Tavası (Türkei)

Die Sardinen mit einem scharfen Messer am Bauch aufschlitzen, ausnehmen, waschen und trockentupfen. Mit Zitronensaft säuern, salzen und in Maismehl wenden – dadurch werden sie knusprig.
In einer Pfanne (möglichst aus Eisen) Öl erhitzen und die Sardinen von beiden Seiten goldbraun braten.

für 6 Personen

800 g Sardinen
1 Zitrone (Saft)
5 EL Maismehl
4 EL Mais- oder Weizenkeimöl

Mit Fladenbrot (Seite 65), Lauchsalat oder Tomatensalat servieren.

Gebratener Fisch mit Koriander

Samak harrak bil kozbara (Libanon)

Den Fisch waschen und trockentupfen. Mehl, Kreuzkümmel und 1 TL Salz vermischen, den Fisch darin wälzen. Mit der Hälfte des Zitronensafts beträufeln.
In einer großen Pfanne Öl nicht zu stark erhitzen und die Fischfilets goldbraun braten. Vorsichtig aus der Pfanne nehmen und warm stellen.
Zwiebel und Koriander fein hacken. Den Knoblauch mit 1 TL Salz zerdrücken, mit Koriander und Zwiebeln vermischen.
In der Pfanne das restliche Öl erhitzen und die Mischung kurz darin schwenken. Chili zugeben und alles 5 Minuten köcheln.
Die Sauce über den Fisch gießen und mit dem restlichen Zitronensaft beträufeln.

1 kg Fischfilet
1/4 Tasse Mehl
1 TL Kreuzkümmel
1/2 Tasse Zitronensaft
1 Tasse Olivenöl
1 Zwiebel
2 Bund Koriander
3 Knoblauchzehen
1/2 TL Chilipulver

Mit Reis servieren. Dazu passt Tomaten- oder Gurkensalat.

Fischspieß
Kabab-e-Mahi (Iran)

für 6 Personen

1 kg Fischfilet
8 mittelgroße Zwiebeln
3 EL Bitterorangen-Konzentrat
50 g Tomatenmark

Den Fisch in 4 mal 4 cm große Würfel schneiden, fünf Zwiebeln vierteln. Fisch- und Zwiebelstücke auf Spieße stecken.
Restliche Zwiebeln reiben und mit Bitterorangen-Konzentrat, Tomatenmark, Pfeffer und Salz verrühren. Die Spieße mit der Sauce einpinseln und auf ein Blech legen.
Im Ofen grillen, bis der Fisch gar ist, dabei wenden und erneut Sauce auftragen.

Dazu schmeckt ein gemischter Salat, Reis oder Fladenbrot (Seite 65).

Gemüse

Die orientalischen Gemüsegerichte sind so bereichernd für die vegetarische Küche, weil sie unter Beimischung einer breiten Palette von Gewürzen und Kräutern zubereitet werden. Auch Zutaten, die in der europäischen Küche eher bei der Zubereitung von Süßspeisen eingesetzt werden – etwa Mandeln, Nüsse und Pinienkerne oder auch Zimt und Safran –, geben hier den Hauptgerichten eine besondere Note.

Der Orient kombiniert eine Fülle von Gemüsesorten vielfältig und reizvoll miteinander. Gemüseeintöpfe und vor allem gefüllte Gemüse, die so genannten Mahshi, gibt es in zahlreichen Zusammenstellungen. Hauptbestandteil sind dabei häufig Reis, Burghul, Linsen, Bohnen und Zwiebeln, nahrhafte und gesunde Lebensmittel, die zudem lange haltbar sind. Ergänzt mit Gemüsen, Kräutern und Gewürzen, haben sich so wohlschmeckende Gerichte entwickelt, die ihren Ursprung vielfach in den ländlichen Regionen haben und zu Klassikern geworden sind.

Manche der vegetarischen Gerichte des Orients wie Koscheri aus Reis, Nudeln, Linsen und Tomatensauce haben inzwischen auch bei uns ihre Liebhaber gefunden. Auch Couscous ist in Mitteleuropa sehr beliebt und kann mit verschiedenen Gemüsesorten und Saucen variiert werden (Seite 171).

Gemischtes Gemüse
Mnazzaleh (ostarabische Länder)

Aus der Fülle der Rezepte für gemischtes Gemüse ist es kaum möglich, eines auszusuchen. Unsere Wahl ist auf das ostarabische Gemüse gefallen, weil es die beliebtesten Sorten – Kichererbsen und Auberginen – miteinander kombiniert und überdies mit Koriander, Minze und Zimt eine typische Würzmischung anbietet.

8 Stunden einweichen

1 Tasse Kichererbsen
2 Auberginen
3-5 Tomaten
3 Zwiebeln
etwa 1 Tasse Öl
7-10 gehackte Knoblauchzehen
etwas gehackter frischer Koriander
etwas gehackte glattblättrige Petersilie
etwas gehackte frische Minze
gemahlener Zimt

Die Kichererbsen acht Stunden in reichlich kaltem Wasser einweichen.
Abgießen und zur Seite stellen. Die Auberginen schälen, in Scheiben schneiden und eine Stunde in kaltes Salzwasser legen. Abspülen und ausdrücken. Die Tomaten kurz in kochendes Wasser tauchen, häuten und würfeln. Die Zwiebeln in Würfel schneiden.
In einer hohen Pfanne Öl erhitzen und die Auberginenscheiben frittieren. Herausnehmen und auf saugfähiges Küchenpapier legen. Im selben Öl die Zwiebeln goldbraun anbraten. Tomaten, Knoblauch und Kichererbsen zugeben. Alles kochen, bis die Kichererbsen weich sind.
Auberginen, je 1 EL Kräuter und Zimt zugeben, alles weitere 10 Minuten köcheln.
Die Pfanne vom Herd nehmen, abkühlen lassen. Mit restlichen Kräutern bestreuen und warm servieren.

Koscheri
Ägypten

am Vortag beginnen
für 6 Personen

1 Tasse Kichererbsen
1 Prise Backpulver
1/2 TL gemahlener Kreuzkümmel
3 große Zwiebeln
Mehl
Öl oder Butterschmalz
2 Tassen einfacher oder weißbrauner Reis
2 Tassen kleine Nudeln (alle Sorten, die klein genug sind, um sich mit Reis und Linsen gut zu vermischen)

für die Linsen:
1 kleine Zwiebel
4 EL Öl oder Butter
2 Tassen braune Linsen
Kreuzkümmel

In Ägypten ist Koscheri eines der beliebtesten Gerichte, da es nahrhaft, wohlschmeckend und billig ist. Durch die Schaufenster der meist sehr einfachen Koscheri-Restaurants kann man von der Straße aus riesige Töpfe sehen, in denen die Zutaten warm gehalten werden. Nebeneinander aufgereiht stehen dort Reis, Nudeln, Linsen, Tomatensauce, geröstete Zwiebeln und Kichererbsen. Mit einer geschickt geschwungenen Kelle wird ein Schlag von allem auf die Teller gegeben.
Den Abschluss bildet, je nach Geschmack, eine scharfe Knoblauchsauce, die dem Koscheri seine letzte Würze gibt. Dazu trinkt man Wasser, das in Krügen auf dem Tisch steht.
In den Straßen wird Koscheri auch vom Karren verkauft, um die sich mittags Menschentrauben ballen. Für viele ist Koscheri die Hauptmahlzeit des Tages – ein zwar anspruchsloses Gericht, aber mit vielen der Nährstoffe, die der Körper braucht. Koscheri scheint für alle, die es noch nicht gegessen haben, ein wenig ungewöhnlich zusammengestellt. Die Mischung aus Reis, Nudeln und Linsen klingt nicht gerade nach einem kulinarischen Hit. Doch durch die Kichererbsen, die pikante Tomatensauce und die köstlichen gerösteten Zwiebeln ist es ausgesprochen wohlschmeckend.
Koscheri eignet sich ausgezeichnet für ein Essen mit vielen Personen. Die Zubereitung von Koscheri, das ja aus vielen verschiedenen Bestandteilen zusammengesetzt ist, lohnt eigentlich nur in großen Mengen. Wenn man es noch etwas anreichern möchte, kann man gemischten Salat oder frittierte Auberginen, Zucchini und Paprika dazu reichen.
Um die Zubereitung stressfrei zu gestalten, lässt sich einiges bereits am Vortag kochen, etwa die Tomatensauce.

für die Knoblauchsauce:
6 große Knoblauchzehen
4 EL Öl
3 EL Essig
2 EL Zitronensaft
1/2 Tasse Brühe
1/2-1 TL gemahlener Kreuzkümmel
1/2 TL Chilipulver oder 1 Chilischote, im Mörser zerstoßen

für die Tomatensauce:
2 mittelgroße Zwiebeln
2-4 EL Öl
3 EL Essig
2 Tassen Pizzatomaten aus der Dose
1/2 TL gemahlener Kreuzkümmel
scharfes Chilipulver

Die Kichererbsen über Nacht in reichlich kaltem Wasser einweichen.
Am nächsten Tag abgießen, mit frischem Wasser, Backpulver, 1/4 Tl Salz und Kreuzkümmel etwa eine Stunde weich kochen.
Währenddessen die Zwiebeln in dünne Ringe schneiden und in Mehl wälzen. Öl erhitzen und die Zwiebelringe nach und nach goldbraun braten. Mit einer Schöpfkelle herausnehmen, mit Wasser abschrecken und abtropfen lassen. Im Backofen warm halten.
Für die Linsen die Zwiebel würfeln. In einem Topf Öl erhitzen und die Zwiebel leicht anbräunen. Mit 4 Tassen Wasser ablöschen, Linsen und Salz zugeben, aufkochen. Die Hitze reduzieren und kochen, bis die Linsen weich sind – je nach Sorte und Größe 30 bis 60 Minuten. Falls nötig, Wasser zugießen, damit die Linsen nicht anbrennen. Über einem Sieb abgießen, mit Pfeffer und Kreuzkümmel abschmecken. Im Backofen warm halten.
Den Reis laut Grundrezept (Seite 162 oder Seite 163) zubereiten. Im Backofen warm halten.
Für die Knoblauchsauce den Knoblauch im Mörser zerstoßen. In einem Topf Öl erhitzen und den Knoblauch kurz anbraten. Die übrigen Zutaten beifügen und erhitzen, bis die Sauce zu kochen beginnt, dabei immer wieder umrühren. Die Sauce in eine kleine Schüssel gießen oder – noch typischer – in eine Flasche füllen, aus der sie über das Koscheri gegossen wird. Abkühlen lassen.
Die Nudeln in Salzwasser kochen.
Für die Tomatensauce die Zwiebeln fein hacken. Öl erhitzen und die Zwiebeln anbräunen. Essig zugießen und kurz aufkochen. Tomaten und Gewürze zugeben und kochen, bis die Sauce sämig geworden ist.
Koscheri auf Tellern verteilen: mit Reis beginnen, Nudeln, Linsen, Tomatensauce, Kichererbsen und Zwiebeln darüber häufen. Die Knoblauchsauce getrennt dazu reichen.

Zu Koscheri schmeckt Bier oder ein kräftiger, bodenständiger Rotwein am besten.

Varianten
Es können auch Kichererbsen aus der Dose verwendet werden, die nur aufgewärmt und abgeschmeckt werden.
Die Zwiebeln können auch durch Röstzwiebeln ersetzt werden.
Wer die Tomatensauce anreichern möchte, kocht fein geschnittene Möhren und Paprika mit.

Linsen mit Reis
Dal Tschalau (Afghanistan)

2 Tassen feine rote Linsen
2 Tassen Reis
3 EL Butter
2 Becher Joghurt
nach Geschmack: Zucker

Die Linsen in 6 Tassen Wasser mit Pfeffer und Salz bei mittlerer Hitze 10 Minuten kochen – wenn braune Linsen verwendet werden, länger kochen.
Den Reis hinzufügen und 20 Minuten weich kochen.
Butter bräunen, über Reis und Linsen geben. Mit Joghurt übergießen, eventuell mit Zucker abschmecken.

Kartoffeln im Backofen
Batatis fil furn (Ägypten)

für 8-10 Personen

1 1/2 kg Kartoffeln
1/2 TL Piment
4 Zwiebeln
500 g Möhren
500 g Paprikaschoten
1 kg kleinere Tomaten
2-3 Tassen pürierte Tomaten
Olivenöl

Die Kartoffeln schälen und in 1/2 cm dicke Scheiben schneiden, große Kartoffeln vorher halbieren. 1 TL Salz, 1/2 TL Pfeffer und Piment mischen, die Kartoffelscheiben darin wenden. Zwiebeln und Möhren in Scheiben, Paprika in große Stücke, Tomaten in dicke Scheiben schneiden.
Den Backofen auf 180° C vorheizen. Kartoffeln und Gemüse in eine eingefettete Auflaufform schichten, mit den Tomaten abschließen. So viel pürierte Tomaten darüber geben, dass alles bedeckt ist. Mit Öl übergießen.
Die Form in den Ofen stellen und den Auflauf etwa anderthalb Stunden schmoren, bis die Kartoffeln weich sind.

Weiße Bohnen
Fassolia beda (Syrien)

für 6 Personen
8-10 Stunden einweichen, 3 Stunden Zubereitungszeit

500 g getrocknete weiße Bohnen
2-3 Möhren
1 große Gemüsezwiebel
Öl
2 Tassen pürierte Tomaten
2 TL Zitronensaft

Die Bohnen mit Wasser bedeckt acht bis zehn Stunden einweichen. Falls nötig, Wasser zugießen. Anschließend abgießen und mit frischem Wasser zwei bis drei Stunden kochen.
Währenddessen die Möhren in feine Scheiben schneiden, die Zwiebel grob hacken. In einem zweiten Topf Öl erhitzen und die Zwiebel goldbraun anbraten. Möhren zugeben und etwa 3 Minuten anbraten. Die Tomaten beifügen und alles köcheln, bis das Gemüse weich ist.
Die Bohnen abgießen, das Kochwasser auffangen. Die Gemüsemischung zu den Bohnen geben, mit Zitronensaft übergießen und alles bei schwacher Hitze weitere 10 Minuten kochen. Falls nötig, etwas Kochwasser zugießen.

Reis mit dicken Bohnen

Baghali-Pollo (Iran)

125 g getrocknete rote Bohnen
300 g Reis
2 Bund Dill
2 Kartoffeln
Butterschmalz
1/4 TL Safran
Zucker

Die Bohnen in Salzwasser 30 Minuten weich kochen. Den Reis in Salzwasser etwa 10 Minuten kochen – er soll nicht zu weich sein. Beides abgießen und unter kaltem Wasser abspülen. Dill fein hacken. Reis, Bohnen und Dill vorsichtig vermischen.

Kartoffeln schälen und in dünne Scheiben schneiden. Butterschmalz in einen Topf geben und den Boden mit Kartoffelscheiben auslegen. Die Reis-Bohnen-Mischung zugeben und kegelförmig auftürmen. Mit einem Kochlöffelstiel einige Löcher hineinbohren und den Topf mit einem Deckel schließen, der mit einem Küchentuch umwickelt ist. Bei niedrigster Hitze etwa eine Stunde dämpfen. Dann kurz in kaltes Wasser stellen, damit sich die Kruste ablöst, die sich am Boden gebildet hat.

Währenddessen in einer kleinen Schüssel Safran mit etwas Zucker vermischen und mit etwas warmem Wasser übergießen. Den Aufguss zugedeckt etwa 30 Minuten ziehen lassen. Mit einigen Löffeln Reis-Bohnen-Mischung vermengen.

Die restliche Reis-Bohnen-Mischung auf eine Platte geben, die Kruste mit den Kartoffelscheiben am Rand garnieren und die Reis-Safran-Mischung darüber gießen.

Grüne Bohnen mit Knoblauch und Auberginen

Ostarabische Länder

1 kg grüne Bohnen
1 große Zwiebel
100 ml Olivenöl
2 große Knoblauchzehen
Oregano
500 g kleine Auberginen
200 ml Öl

Die Bohnen unter kaltem Wasser waschen und von den Stielen befreien. Die Zwiebel würfeln. In einem Topf Öl erhitzen und die Zwiebel anbraten. Die Knoblauchzehen zugeben und etwa 1 Minute mitbraten. Die Bohnen beifügen und leicht anschwitzen. Mit Pfeffer, Salz und Oregano würzen. Mit 100 ml Wasser ablöschen und die Bohnen bei schwacher Hitze zugedeckt 10 Minuten garen. Den Topf vom Herd nehmen und zugedeckt stehen lassen.
Die Auberginen schälen, in Scheiben schneiden und etwa 5 Minuten in Salzwasser legen, damit sie nicht braun werden. Abtropfen lassen und trockentupfen. Öl erhitzen und die Auberginenscheiben knusprig braun braten. Auf saugfähiges Küchenpapier legen, nach Geschmack mit Pfeffer und Salz würzen.
Mit den Bohnen servieren.

Auberginenauflauf
Musakka (Türkei)

für 6-8 Personen

1 kg Auberginen
gut 1/2 Tasse Olivenöl
500 g Tomaten
2 grüne Paprikaschoten
500 g Zwiebeln
3 Knoblauchzehen
1/4-1/2 Tasse Pinienkerne
1 Tasse Gemüsebrühe

Musakka stammt ursprünglich aus der Türkei. Von hier aus wurde das schmackhafte Rezept zum einen über den Libanon, Syrien und Palästina in alle arabischen Länder weitergetragen, zum anderen nach Griechenland. So gilt es besonders vielen Europäern als typisch griechisches Gericht, da es auf jeder Speisekarte eines griechischen Restaurants zu finden ist.

Die Auberginen schälen, in 2 cm dicke Scheiben schneiden und 30 Minuten in kaltes Salzwasser legen. Abspülen und ausdrücken. In einer Pfanne Öl erhitzen und die Auberginenscheiben nach und nach von beiden Seiten braten – das Öl muss die ganze Zeit über heiß bleiben. Mit einer Schöpfkelle herausnehmen, das Öl abtropfen lassen und auf saugfähiges Küchenpapier legen.
Die Tomaten kurz in kochendes Wasser tauchen, häuten und in Scheiben schneiden. Die Paprika halbieren und entkernen, das weiße Fruchtfleisch entfernen, die Schote in Streifen schneiden. Die Zwiebeln hacken.
Das restliche Öl erhitzen und die Zwiebeln anbraten. Zerdrückten Knoblauch und Paprika zugeben, etwa 4 Minuten schmoren. Die Tomaten kurz mitbraten, bis alles leicht angedickt ist.
Frisches Öl nur leicht erhitzen und die Pinienkerne kurz goldbraun anbraten.
In einen Topf oder eine hohe Pfanne schichtweise Auberginen, Zwiebeln, Paprika, Tomaten und Pinienkerne geben. Das Ganze wiederholen, mit Auberginen abschließen. Mit Brühe übergießen und bei schwacher Hitze zugedeckt 20 Minuten kochen.

Variante
Die Rezepte variieren je nach Region. Häufig wird Musakka – anders als im ursprünglichen Rezept – auch mit Käse überbacken.

»Schlafender Imam«
İmam Bayıldı (Türkei)

Der Name des Gerichts, Schlafender Imam, wird unterschiedlich hergeleitet. Die einen behaupten, die gefüllten Auberginen sähen aus wie ein rundlicher, schlafender Imam, die anderen, man schlafe nach dem Genuss dieses gehaltvollen und schmackhaften Gerichts so gut wie ein Imam.
In den meisten Rezepten wird das Gericht mit Fleisch zubereitet – hier folgt die vegetarische Variante.

4 mittelgroße Auberginen
500 g frische Tomaten oder Pizzatomaten aus der Dose
3 Zwiebeln
1 Bund Petersilie
1 Bund Dill
Olivenöl
4 gehackte Knoblauchzehen
1 Prise gemahlener Zimt
1 Tasse Fleischbrühe
1 Tasse Reis
1/2 Tasse Pinienkerne
2 Becher Joghurt

für die Sauce:
1 Tasse pürierte Tomaten
1 Tasse Gemüsebrühe
2 EL Butter
1 Lorbeerblatt

Die Auberginen längs halbieren und so aushöhlen, dass ein dicker Rand stehen bleibt. Das Fleisch in kleine Stücke schneiden. Die Auberginen 30 Minuten in Salzwasser legen, dann herausnehmen und ausdrücken. Die Tomaten kurz in kochendes Wasser tauchen, häuten und fein würfeln. Die Zwiebeln würfeln, die Kräuter hacken.
In einer Pfanne Öl erhitzen und die Zwiebeln goldbraun braten. Knoblauch, Zimt, Pfeffer und Salz zugeben, 2 Minuten braten. Tomaten und Auberginenstücke beifügen und kurz schwenken. Brühe sowie Reis zugeben und alles 10 Minuten kochen, bis die Flüssigkeit aufgesogen ist.
Petersilie und Dill unterrühren. Die Mischung in die Auberginen füllen. Den Backofen auf 200° C vorheizen.
Für die Sauce alle Zutaten aufkochen. In eine feuerfeste Form gießen, die gefüllten Auberginenhälften hineinlegen. Im Ofen etwa 40 Minuten backen.
Öl erhitzen und die Pinienkerne hellbraun anbraten. Mit dem Joghurt über die Auberginen geben und servieren.

Auberginen mit Käse
Hünkar Beğendi (Türkei)

1 kg Auberginen
2 EL Butter
2 EL Mehl
2 Tassen heiße Milch
2 EL geriebener Hartkäse
2 EL gehackte Petersilie

Die Aubergine an mehreren Stellen einstechen, damit sie nicht aufplatzt, und im Ofen bei 180° C etwa 30 Minuten backen.
Unter fließendem Wasser abkühlen und häuten. Das Auberginenfleisch mit der Gabel zerdrücken.
In einem Topf bei schwacher Hitze die Butter zerlassen und das Mehl einrühren. Vom Herd nehmen, die heiße Milch unter ständigem Rühren zugießen. Den Topf zurück auf den Herd stellen, aufkochen, dabei weiter rühren. Die Auberginen zugeben, nach Geschmack würzen und weitere 10 Minuten köcheln.
Vom Herd nehmen, Käse und Petersilie darüber geben.

Mit Reis servieren.

(ansichtssache.de)

▲ Hülsenfrüchte sind im Orient sehr beliebt. Eine besonders köstliche Suppe lässt sich aus Erbsen und Minze zubereiten (Seite 72).

(ansichtssache.de)

▲ Knoblauch wird in der orientalischen Küche vielfältig verwendet und ist an jedem Marktstand zu finden.

▲ Im Fernen Osten wird zu jeder Mahlzeit Brot gereicht. Die gleichzeitige Bedeutung des ägyptischen Wortes »a'isch« für »Brot« und »Leben«, verdeutlicht den Wert.

▲ Gerne wird an der orientalischen Tafel mit den Händen gegessen.

Auberginengemüse

Khorescht-e-Bademdschan (Iran)

für 6-8 Personen

800 g Auberginen
300 g Walnusskerne
8 EL Granatapfelsirup
1 Prise Safran
3 Zwiebeln
2-3 EL Öl
3/4 Tasse Tomatenmark
2-3 TL Zucker
1/2 TL Kurkuma

Die Auberginen schälen, in gleichmäßige fingerdicke Scheiben schneiden und 30 Minuten in leicht gesalzenes Wasser legen. Abspülen und trockentupfen. Die Walnüsse fein mahlen. Den Sirup mit 2 Tassen Wasser verrühren. Safran mit etwas Wasser anrühren. Die Zwiebeln fein würfeln.
In einem Topf Öl erhitzen und die Zwiebeln goldbraun anbraten. Walnüsse zugeben und unter ständigem Rühren leicht anrösten. Die Auberginenscheiben beifügen und alles bei mittlerer Hitze anbraten. Sirup und Safran, Tomatenmark und Zucker untermischen, alles schmoren, bis die Auberginen weich sind. Zuletzt mit Kurkuma würzen, pfeffern und salzen. Bei schwacher Hitze eine Stunde köcheln, dabei gelegentlich umrühren.

Mit Reis servieren.

Auberginen mit Quark
Borani Badendschan Sia (Afghanistan)

für 6 Personen

1 kg Auberginen
3 Tomaten
1 Zwiebel
1 Tasse Öl
1 EL Tomatenmark
1/2 TL Chilipulver
1 TL gemahlener Koriander
3 Knoblauchzehen
250 g Magerquark

Die Auberginen schälen, in Scheiben schneiden, in ein Sieb legen, mit Salz bestreuen und Wasser ziehen lassen. Dann abspülen und ausdrücken. Die Tomaten in Scheiben schneiden, die Zwiebel würfeln.

In einer Pfanne Öl erhitzen und die Auberginenscheiben von beiden Seiten goldbraun anbraten. Zur Seite stellen.

Die Zwiebel im selben Fett anbraten. Das Tomatenmark mit Wasser anrühren, zugeben und mit Pfeffer, Salz, Chili und Koriander einkochen.

Die Auberginenscheiben in eine zweite Pfanne legen, mit Tomatenscheiben bedecken, mit Sauce übergießen. Bei schwacher Hitze zugedeckt 5 bis 10 Minuten köcheln.

Zerdrückten Knoblauch mit Quark, Salz und etwas Wasser verrühren. Den Boden eines Bräters damit bestreichen. Auberginen und Tomaten darauf legen, restlichen Quark darüber geben. Zugedeckt 5 bis 10 Minuten garen.

Das Gericht wird mit Brot oder Reis gegessen.

Bohnenbällchen

Falafel (ostarabische Länder) /
Tamiya (Ägypten)

am Vortag beginnen
für 6-8 Personen

Falafel werden mit Salat und Tahinasauce in ein aufgeschnittenes Fladenbrot gefüllt und aus der Hand gegessen. Sie sind ein wohlschmeckender Imbiss. Sie können aber genauso gut als Vorspeise in kleinen Schüsselchen serviert werden, begleitet von Tahinasauce, scharfer Sauce oder Hommos.
Tamiya stammen ursprünglich aus Ägypten und werden dort je nach Landessitte halb aus Bohnen und Kichererbsen wie in Palästina (siehe Rezept) oder ausschließlich aus Kichererbsen zubereitet.
Die Rezepte unterscheiden sich auch in der Menge an Petersilie, Koriander oder Dill, die zugefügt wird.

250 g getrocknete dicke braune Bohnen
250 g Kichererbsen
1 Bund Lauchzwiebeln
2 kleine Zwiebeln
2 Bund Petersilie
1 Bund Koriander
nach Geschmack: 1 Bund Dill
8-10 fein gehackte Knoblauchzehen
1/4 TL Chilipulver
1 TL gemahlener Kreuzkümmel
1 TL Backpulver
Sesamkörner
Öl zum Frittieren

Die Bohnen bis zu 24 Stunden in Wasser einweichen, das Wasser mehrmals wechseln. Die Kichererbsen acht Stunden einweichen.
Die Lauchzwiebeln in feine Ringe schneiden, einen Teil des grünen Stängels mitverwenden. Zwiebeln und Kräuter fein hacken. Alles mit Knoblauch vermischen.
Die Bohnen abgießen und gut abtropfen lassen. Durch einen Fleischwolf (feine Scheibe) drehen. Die Zwiebel-Kräuter-Mischung zugeben und alles noch einmal durch den Wolf drehen.
Gewürze, 1/2 TL Pfeffer, 1 EL Salz und Backpulver zugeben, gut durchkneten. An einem kühlen Ort zugedeckt eine Stunde ziehen lassen.
Erneut durchkneten und mit angefeuchteten Händen flache Bällchen von 3 bis 4 cm Durchmesser formen. Die Sesamkörner in eine flache Schüssel geben und die Falafel darin wälzen. In einem Frittiertopf oder einer Fritteuse Öl erhitzen und die Falafel darin goldbraun braten.

Dazu reicht man eine Tahina-Joghurtsauce (Seite 96).

Bohnen mit Tahina
Foul medammes (Ägypten)

am Vortag beginnen

500 g getrocknete braune Bohnen mit Schale (in türkischen Läden erhältlich)
1-2 Tomaten
1 mittelgroße Zwiebel
125 g rote Linsen

Beigaben nach Geschmack:
Tahinasauce (Seite 96)
fein gehackter Knoblauch
gehackte Lauchzwiebeln
gewürfelte Paprikaschote
klein geschnittene Tomaten
fein geschnittener grüner Salat
Chilipulver
Kreuzkümmel
Olivenöl
Zitronensaft

Gekochte braune Bohnen, angerührt mit Tahina und fein gehacktem Salat, werden in Ägypten zum Frühstück gegessen. Das Gericht wird kurz Foul genannt, obwohl Foul eigentlich nur das Wort für Bohnen ist. Foul Medammes, wie es korrekt heißt, ist nahrhaft und sättigend und eine ausgezeichnete Grundlage für den ganzen Tag. Die Hausfrauen bereiten den Bohnenbrei in hohen konischen Töpfen, den Damassas, zu. In ihnen kochen die Bohnen die ganze Nacht auf einer Spiritusflamme oder einer Kochplatte, die nur 80° C warm wird.
Foul schmeckt umso besser, je mehr Zutaten hineingerührt werden. Dazu gehört an erster Stelle Tahinasauce, klein geschnittener Salat aus Tomaten, grünem Salat und Gurken, dann ein Schuss Öl und Zitronensaft. Alles wird aus einer kleinen Schüssel gegessen.
Foul wird frühmorgens auf der Straße angeboten, der Passant kann es für wenig Geld kaufen. Die Foulverkäufer schöpfen ihn aus einer Qidra, in der die Bohnen mit fest verschlossenem Deckel gekocht werden. Die große, bauchige Qidra war ursprünglich ein Kupfertopf in Form einer griechischen Vase, der in den durch Sonnenglut erhitzten Sand eingegraben wurde, so dass die Bohnen über Nacht bei gleichmäßiger Temperatur langsam garten.

Die Bohnen 24 Stunden in Wasser einweichen.
Am nächsten Tag Tomaten vierteln und Zwiebel halbieren. Beides mit Bohnen und Linsen in einem Topf mit etwa 2 l Wasser aufkochen. Die Hitze reduzieren und alles bei mittlerer Hitze bis zu drei Stunden kochen – die Bohnen müssen weich sein und sich leicht zerdrücken lassen.
In kleine Schüsseln füllen.

Die Bohnen werden mit einer Gabel zerdrückt und die Beigaben, die sich jeder selbst zusammenstellt, untergerührt oder darüber gegeben.

Variante
Zubereitung ohne Einweichen: Den Backofen auf 80° C vorheizen. In einem feuerfesten Topf alle Zutaten aufkochen und bei mittlerer Hitze 30 Minuten kochen. Den Topf in den Ofen stellen und mindestens acht Stunden weitergaren.

Kürbis mit Tomaten
'Ara bil banadura (Palästina)

für 6 Personen

1 kg Kürbis
1 große Zwiebel
5 EL Olivenöl
3 große reife Tomaten
1/2 TL gemahlener Kreuzkümmel

Den Kürbis schälen, das Fleisch herausschneiden und in 3 bis 4 cm große Würfel schneiden. Die Zwiebel fein würfeln.
In einem Topf Öl erhitzen und die Zwiebel hellbraun anbraten. Den Kürbis zugeben, unter Rühren etwa 10 Minuten braten. Die Tomaten in Würfel schneiden und zugeben. 1 Tasse Wasser, Kreuzkümmel, Pfeffer und Salz hinzufügen, alles 20 bis 25 Minuten kochen.

Gefülltes Gemüse

Mahshi (arabische Länder) / Dolması (Türkei) / Dolmeh (Iran)

In der orientalischen Küche werden fast alle Gemüsearten, die nur etwas Volumen haben, zum Füllen (Füllungen siehe Seite 152 ff.) verwendet. Auch Artischocken, Zwiebeln und Kartoffeln werden ausgehöhlt und gefüllt, was allerdings einige Übung verlangt. Hier sind nur die Gemüsesorten genannt, mit denen sich leicht arbeiten lässt.
Mahshi ist ein arbeitsintensives Gericht, das dafür geschaffen zu sein scheint, den Koch in der Küche zu beschäftigen. Gleichzeitig ist es sehr verbreitet und beliebt. Denn die Mühe lohnt sich.
Mahshi ist in all seinen verschiedenen Varianten und Füllungen köstlich und eignet sich auch gut für Feste, da es am Vortag gekocht und wieder aufgewärmt werden kann. Auch kalt schmeckt es ausgezeichnet.

Kohlblätter

Ein kleinerer Weiß- oder Wirsingkohlkopf, dessen Blätter nicht zu hart sind, eignet sich am besten. Der Kohl wird in einem großen Topf Wasser gekocht. Wegen des Geruchs und weil es verdauungsfördernd wirkt, werden 1 TL Salz und 1/2 TL Kreuzkümmel zugegeben. Die Blätter werden vom Strunk geschnitten. Wenn das Wasser kocht, einige Blätter hineinlegen und kurz weich kochen. Herausnehmen und abtropfen lassen. Das Wasser erneut zum Kochen bringen und mit den übrigen Kohlblättern auf gleiche Weise verfahren. Die harten Adern herausschneiden und die Blätter auf etwa 15 cm Breite zuschneiden. 1/2 bis 1 EL Füllung auf den unteren Teil eines Blattes legen, die Seiten einschlagen und das Blatt wie eine Zigarre zusammenrollen.

Weinblätter

Frische Weinblätter lassen sich optimal verarbeiten. Man kann natürlich auch solche aus dem Glas, der Dose oder eingefrorene verwenden. Sie werden mit kaltem Wasser gewaschen und in kochendem Salzwasser 5 Minuten gekocht. Danach einrollen wie Kohlblätter.

Tomaten

Der obere Teil der kleinen bis mittelgroßen, nicht zu weichen Tomaten wird abgeschnitten und die Tomate mit einem Löffel ausgenommen. Das Innere wird in die Füllung gemischt oder für die Sauce verwendet, in der die Mahshi schmoren. Der obere Teil wird als Deckel wieder auf die Tomate gesetzt.

Zucchini

Am besten eignen sich 8 cm lange und 4 cm dicke Früchte. Der Stängel wird abgeschnitten und mit einem sehr kleinen Küchenmesser oder einem Apfelausstecher das Innere herausgeschält – eine Arbeit, die Übung und Geschick verlangt.

Paprikaschoten

Kleine bis mittelgroße, nicht zu dickwandige Paprika kaufen, die möglichst aufrecht im Topf stehen können. Der obere Teil wird abgeschnitten, Kerne und weißes Fruchtfleisch werden entfernt. Nach dem Füllen die Spitze wieder darauf setzen.

Diese vegetarischen Rezepte können auch mit angebratenem Hackfleisch ergänzt werden.

Arabische Reis-Füllung mit Pinienkernen

3 Tomaten
1 Zwiebel
1/2 Tasse Öl
etwas Butter
1/2 Tasse Pinienkerne
1 großes Bund Dill
4 gehackte Knoblauchzehen
gehackter Kreuzkümmel
2 Tassen Gemüsebrühe
2 TL Tomatenmark
3 Tassen Reis

Die Tomaten kurz in kochendes Wasser tauchen, häuten und pürieren. Die Zwiebel hacken.
In einem Topf Öl erhitzen und die Zwiebel anbraten. In einer Pfanne Butter zerlassen und die Pinienkerne bei mittlerer Hitze kurz anbraten. Tomatenpüree, Dill, Knoblauch, Kreuzkümmel und Pinienkerne in den Topf geben, alles einkochen. Pfeffern und salzen, Brühe zugießen, Tomatenmark und Reis beifügen. Alles etwa 10 Minuten kochen, bis der Reis die Flüssigkeit aufgenommen hat – er wird nicht ganz weich.

Varianten
Statt Kreuzkümmel Piment verwenden oder dem Reis gehackte Möhren zufügen.

Iranische Dolmeh-Füllung mit Kräutern

2 Zwiebeln
3 Schalotten
1 Bund Petersilie
1 Bund Dill
1 Bund Minze oder Koriander
6 EL Olivenöl
Kurkuma
Safran
Oregano
2 Tassen Reis
1 Zitrone (Saft)

Die Zwiebeln fein würfeln, Schalotten und Kräuter hacken.
In einem Topf Öl erhitzen und die Zwiebeln anbraten. Schalotten und Kräuter zugeben, alles erhitzen. Die Gewürze hinzufügen, pfeffern und salzen, Reis und Zitronensaft beifügen. Knapp 2 Tassen Wasser zugießen, alles etwa 10 Minuten kochen, bis der Reis die Flüssigkeit aufgenommen hat – er wird nicht ganz weich.

Türkische Dolması-Reisfüllung

für 4-6 Personen

3 EL Rosinen
3-4 Tomaten
1 Zwiebel
1/4 l Olivenöl
4 EL Pinienkerne
2 Tassen Reis
1 TL Zucker
1 TL Piment
1 TL gemahlener Zimt
1 EL gehackter frischer Dill
1 EL gehackte frische Petersilie

für die Sauce:
2 EL Butterschmalz
4 Tassen Gemüsebrühe
1 TL Tomatenmark
Kreuzkümmel
2-4 Knoblauchzehen
1 Zitrone (Saft)

Die Rosinen 15 Minuten in warmem Wasser einweichen. Die Tomaten kurz in kochendes Wasser tauchen, häuten und würfeln. Die Zwiebel fein hacken.
Die Rosinen abtropfen lassen. In einem Topf das Öl erhitzen und die Pinienkerne kurz anrösten, dabei gut umrühren. 1/2 l Wasser zugießen, Reis, Tomaten, Zwiebel, Rosinen und Gewürze zugeben, alles zugedeckt 20 Minuten köcheln – der Reis soll nicht ganz weich sein.
Dill und Petersilie untermengen.
Für die Sauce Butterschmalz mit Brühe und Tomatenmark aufkochen. Kreuzkümmel und Knoblauch hinzufügen, alles 10 Minuten köcheln.
Etwas Sauce in einen Topf oder eine hohe Pfanne gießen. Das Gemüse mit der Mischung füllen und aufrecht oder geschichtet hineingeben. Mit Sauce aufgießen und zugedeckt 45 Minuten köcheln. Man kann auch eine feuerfeste Auflaufform verwenden und alles im Backofen bei 180° C etwa 45 Minuten schmoren.
Zerdrückten Knoblauch mit Zitrone verrühren, über alles geben und 5 Minuten mitkochen.

Variante
In den letzten 10 Minuten gekochten Joghurt (Seite 95) über das Gemüse gießen und mitkochen.

Maghrebinische Couscous-Füllung

500 g Couscous
1 TL gemahlener Zimt
1/2 TL gemahlener Ingwer
1/4 TL Safran
150 g Butter
150 g gemahlene Mandeln
200 g Rosinen
60 g Puderzucker

Den Couscous laut Grundrezept (Seite 170) zubereiten und auf einer Platte anrichten. Salz, Zimt, Ingwer, Safran und die Hälfte der Butter in Flocken unterrühren. Den Couscous auflockern, die Gewürze verteilen.
Restliche Butter zerlassen, Mandeln und Rosinen mit Puderzucker bräunen und unterheben.

Selleriegemüse
Kereviz Zeytinyağlı (Türkei)

3 mittelgroße Sellerieknollen
1 Zitrone
6 Lauchzwiebeln
2 Möhren
2 Kartoffeln
1 Bund Dill
1 Bund Petersilie
3-4 EL Olivenöl
1 EL Mehl
1 TL Zucker

Den Sellerie schälen und in 1 bis 2 cm dicke Scheiben schneiden. Mit Zitrone einreiben und in Salzwasser etwa 15 Minuten weich kochen.
Währenddessen Lauchzwiebeln in Ringe, Möhren in Scheiben schneiden. Kartoffeln schälen und würfeln, Dill und Petersilie hacken.
In einem Topf Öl erhitzen, Lauchzwiebeln, Möhren und Kartoffeln kurz anbraten. Mit Wasser bedecken, pfeffern und salzen, gar kochen.
Den Sellerie auf einer Platte anrichten. Das Gemüse darüber schichten, warm halten. Mehl und Zucker mit etwas Wasser anrühren, unter die Brühe rühren und aufkochen, bis eine sämige Sauce entsteht. Dill und Petersilie einrühren und alles über das Gemüse gießen.

Mit Reis oder Bulgur (Seite 25) servieren. Selleriegemüse kann auch kalt gegessen werden.

Reisauflauf mit Spinat
Tahtschin-e-Esfenadsch (Iran)

300 g Reis
400 g Spinat
2 Zwiebeln
etwa 50 g Butter
2 Knoblauchzehen
1/2 TL Safran
1 großer Becher Joghurt
1 Eigelb

Den Reis zweimal waschen und eine Stunde in Salzwasser einweichen. Den Spinat blanchieren und in einem Sieb abtropfen lassen. Die Zwiebeln würfeln.
In einer beschichteten Pfanne etwas Butter zerlassen und die Zwiebeln bei schwacher Hitze anbraten, zerdrückten Knoblauch kurz mitbraten. Den Spinat zugeben und 3 Minuten schwenken.
In einem großen Topf 2 l Wasser mit etwas Salz zum Kochen bringen und den Reis bei mittlerer Hitze ohne Deckel 8 Minuten kochen. Abgießen und kurz unter kaltem Wasser abspülen.
Safran in etwas Wasser auflösen. Den Backofen auf 160° C vorheizen.
In einem kleinen Topf bei schwacher Hitze etwas Butter zerlassen, Joghurt und Eigelb einrühren, mit Safran, Pfeffer und Salz unter Rühren zu einer Sauce aufkochen. Die Hälfte der Sauce mit der Hälfte des Reises vermengen.
Etwas Butter zerlassen und in eine feuerfeste Form geben. Die Reis-Joghurt-Mischung hineinfüllen, Spinat darauf geben und mit dem restlichen Reis bedecken. Mit Joghurt-Sauce übergießen, Butterflöckchen darauf setzen. Die Form in den vorgeheizten Ofen stellen und etwa eine Stunde backen.

Dazu schmeckt Gurkenjoghurt (Seite 49) oder Omelett.

Panierter Blumenkohl
F'tayer (Tunesien)

1 Blumenkohl
Olivenöl
1/2 Zitrone (Saft)
1 Ei
Paniermehl
1 großes Bund Petersilie

Den Blumenkohl in mittelgroße Röschen zerteilen und etwa 10 Minuten kochen, bis sie halb weich sind. Abgießen und gut abtropfen lassen.
3 EL Öl mit Pfeffer, Salz und etwas Zitronensaft vermischen. Über die Blumenkohlröschen geben, gut vermischen und einziehen lassen.
Das Ei in einer flachen Schale schlagen, das Paniermehl auf einen Teller geben. Die Röschen in Ei und dann in Paniermehl wenden.
In einer Pfanne Öl erhitzen und den Blumenkohl anbraten – darauf achten, dass das Öl nicht zu heiß wird.
Petersilie hacken, die Hälfte auf einem Teller verteilen. Die Röschen darauf legen, den Teller warm halten.
Zum Schluss Petersilie darüber streuen. Heiß oder kalt servieren.

Variante
Das Rezept kann auch mit Zucchini oder Auberginen zubereitet werden; die Vorkochzeit ändert sich dadurch.

Gegrillte Zucchini

Peynirli Kabak (Türkei)

Die Zucchini in kochendem Salzwasser vorgaren, herausnehmen und abkühlen lassen. Der Länge nach halbieren und die Kerne entfernen. Den Dill fein hacken.
Käse, Dill, Knoblauch und Mehl vermischen und in die Zucchini füllen. Butterflöckchen darauf setzen und grillen.
Mit schwarzem Pfeffer würzen.

für 6 Personen

1 kg große Zucchini
1 Bund Dill
125 g zerbröselter Schafskäse
2 EL geriebener Hartkäse
3-5 gehackte Knoblauchzehen
2 EL Mehl
Butter

Zucchini mit Walnüssen

Kusa ingamal (Libanon)

Die Zucchini in dünne Scheiben schneiden, die Petersilie hacken.
In einer beschichteten Pfanne Öl erhitzen und die Zucchini weich schwitzen. Mit Pfeffer und Salz würzen, Walnüsse zugeben, mit Piment abschmecken. Die Petersilie darüber geben und heiß servieren.

Dazu schmeckt weiß-brauner Reis (Seite 163).

700 g Zucchini
etwas glattblättrige Petersilie
Olivenöl oder Butter
75 g gehackte Walnusskerne
Piment

Gratin mit grünen Tomaten
Yeşil Dolmates Bastısı (Türkei)

für 6-8 Personen

1 kg grüne Tomaten
2 Zwiebeln
Olivenöl
1/2 Tasse Gemüsebrühe
2-3 EL geriebener Hartkäse

Die Tomaten in mitteldicke Scheiben, die Zwiebeln in Ringe schneiden.
In einer Pfanne Öl erhitzen und die Zwiebelringe anschwitzen, bis sie weich sind. Eine feuerfeste Form damit auslegen, Tomaten darauf geben. Die Brühe mit restlichem Öl vermischen, salzen und peffern, über das Gemüse geben. Die Form mit Aluminiumfolie zudecken und im Backofen bei schwacher Hitze garen, bis die Tomaten weich sind.
Die Mischung mit der Gabel zerdrücken und abschmecken. Den Käse einrühren und das Gratin bei hoher Oberhitze bräunen.

Reis und Couscous

Im Orient wird zu fast allen warmen Mahlzeiten Reis serviert. Nur selten wird er ohne weitere Verfeinerung einfach in Wasser gekocht. Besonders im Iran ist das Reiskochen zu einer Kunst geworden, die viel Zeit in Anspruch nimmt und einiger Erfahrung bedarf. Mit Butter gedämpft und mit Safran aromatisiert schmeckt er köstlich. Berühmt ist der Tschello, ein in Butter gedämpfter Reis mit knuspriger Kruste. In arabischen Ländern wird Reis durch Anrösten in Öl oder Butterschmalz, durch Kochen in Gemüsebrühe oder durch das Mitkochen von feinen gerösteten Fadennudeln im Geschmack angereichert.
So ist der Reis als Gericht viel interessanter, als wir es hierzulande gewohnt sind. Der orientalische Reis wird fantasievoll ergänzt – mit Gewürzen, Kräutern, Tomaten, Zwiebeln und Hülsenfrüchten oder auch mit Pinienkernen, Nüssen und Rosinen – und könnte fast als komplette Mahlzeit gegessen werden.
Couscous ist Weizenschrot und dem Burghul (türkisch Bulgur) verwandt. Traditionell wird Couscous im Siebeinsatz gedämpft. Es gibt aber auch vorgefertigten, der einfacher zuzubereiten ist. Mit Kichererbsen, Bohnen und der ganzen Palette der Gartengemüse sowie Obst und süßen Zutaten kann man abwechslungsreiche Rezepte auch selbst kreieren.
Couscous wird auf einer Platte serviert. Die Zubereitung erfordert etwas Übung, doch lohnt sich die Mühe.

Gedämpfter Reis
Kateh (Iran)

Dies ist eine schnelle Methode, Reis zu kochen. Dabei wird er in zwei Schritten gegart, erst durch Kochen, dann durch Dämpfen mit Fett. Damit das Wasser nicht wieder zurück auf den Reis tropft und dieser klebrig wird, knotet man ein Küchentuch um den Deckel, mit dem der Topf fest verschlossen wird. So wird der Reis locker und wohlschmeckend.

für 4-6 Personen

2 Tassen Reis
30 g Butter oder etwas Sonnenblumenöl

Den Reis gründlich waschen, bis das Wasser klar bleibt. Abtropfen lassen. In einem Topf 4 Tassen Wasser mit etwas Salz aufkochen, den Reis zugeben und ohne Deckel 8 Minuten kochen.
In ein Sieb gießen und unter kaltem Wasser abspülen. Den Boden des Topfes mit wenig heißem Wasser und etwas Butter bedecken. Den Reis kegelförmig in den Topf schichten, mit einem Holzstiel mehrere Löcher hineinbohren, Butterflöckchen darauf setzen. Den Topf mit einem Deckel, um den ein Tuch gewickelt ist, schließen und den Reis bei niedrigster Hitze 30 Minuten dämpfen.

Einfacher Reis

Ruz (gesamter Orient)

Die Methode, bei der Reis in Öl geschwenkt wird, ist vergleichsweise einfach und hat zwei Vorteile. Der Reis klebt beim Kochen nicht und er bekommt einen volleren Geschmack. Nach dem kurzen Anbraten und der Zugabe von Wasser wird der Topf mit einem Deckel verschlossen und der Reis bei niedrigster Hitze gar gekocht. Elektroplatten lassen sich meist zu langsam zurückschalten. Am besten legt man eine Isolierung zwischen Topf und Herdplatte, die man nach einigen Minuten wieder entfernt, wenn die Hitze reduziert wurde.

Für das Kochen von lockerem Reis gibt es keine optimale Methode. Jeder sollte ausprobieren, wie er am besten gelingt und schmeckt. Auch im Orient hat jede Region ihre eigene Methode und jede schwört auf ihr Rezept. Um das Verkleben zu verhindern, kann der Reis entweder, wie im Iran, vorher gewaschen oder, wie im übrigen arabischen Raum, kurz in Öl geschwenkt werden.

Pro Person rechnet man eine halbe Tasse Reis, denn er quillt beim Kochen etwa auf die dreifache Menge an. Damit der Reis beim Kochen nicht anbrennt, sollte der Topf einen dicken Boden haben. Auf eine Tasse Reis rechnet man – auch wieder abhängig von der Sorte – anderthalbmal so viel Wasser. Faustregel: Reis mit harten, festen Körnern braucht mehr Wasser als Reis mit runden, weichen Körnern. Bei den orientalischen Rezepten sollte man keinen vorbehandelten (parboiled) Reis verwenden. Die persische Küche bevorzugt den duftenden Basmati-Reis.

Wer sich nicht ständig mit Reiskochen beschäftigen möchte, kann sich mit einem elektrischen Reiskochtopf helfen. Es gibt Töpfe in verschiedenen Größen, in denen der Reis über Stunden warm und locker bleibt.

2 EL Öl oder Butterschmalz
2 Tassen Reis

In einem Topf Öl erhitzen und den Reis schwenken, bis alle Körner von Öl umgeben sind. 3 Tassen Wasser mit 1/2 TL Salz zugießen und aufkochen. Den Reis bei niedrigster Hitze zugedeckt 15 bis 20 Minuten kochen.
Den Topf vom Herd nehmen, den Reis mit einer Gabel auflockern und ein paar Minuten ruhen lassen.
Reis bleibt im geschlossenen Topf etwa eine Stunde heiß. Um ihn wieder zu erhitzen, ihn in einem Sieb in einen Topf hängen und über kochendem Wasser erhitzen.

Weiß-brauner Reis
Ruz hab'a wa hab'a (arabische Länder)

3 EL Öl oder Butterschmalz
2 Tassen Reis

Dieser Reis, der im Arabischen »hab'a wa hab'a« (»halb und halb«) genannt wird, ist so beliebt, weil er dem Auge wie dem Gaumen etwas bietet. Durch das Anbraten verfärbt er sich braun und bekommt durch das Anrösten einen reizvollen Geschmack.

In einem Topf 2 EL Öl erhitzen und 1 Tasse Reis bei starker Hitze unter ständigem Umrühren braun anbraten – nicht zu dunkel werden lassen. Die Hitze reduzieren, restliches Öl zugießen. Die zweite Tasse Reis zugeben und kurz schwenken, ohne dass er braun wird. 3 Tassen Wasser mit 1/2 TL Salz zugießen und aufkochen. Den Reis bei niedrigster Hitze zugedeckt 15 bis 20 Minuten kochen.
Den Topf vom Herd nehmen, den Reis mit einer Gabel auflockern und ein paar Minuten ruhen lassen.

Reis mit Fadennudeln

Ruz bil sha'ariya (ostarabische Länder)

2-3 EL Öl oder Butterschmalz
3/4 Tasse feinste Nudeln
2 Tassen Reis

Diesem Reis werden Sha'ariya, angeröstete feine Nudeln, zugesetzt, die den Geschmack abrunden. Am besten eignen sich kleine Fadennudeln. In vielen Läden erhält man Nudeln, die schon in ihrer Form an Reis erinnern.

Öl erhitzen und die Nudeln bei schwacher Hitze goldbraun anbraten. Dabei ständig umrühren, da die Nudeln schnell anbrennen.
Den Reis hinzufügen und kurz schwenken.
3 1/2 Tassen Wasser mit 1/2 TL Salz zugießen und aufkochen. Den Reis bei niedrigster Hitze zugedeckt 15 bis 20 Minuten kochen.
Den Topf vom Herd nehmen, den Reis mit einer Gabel auflockern und ein paar Minuten ruhen lassen.

Reis mit Petersilie, Zwiebeln und Tomaten

Ruz bil khudra (Ägypten)

für 6 Personen

1 Zwiebel
1 kleines Bund Dill
1 kleines Bund Petersilie
2 EL Öl oder Butterschmalz
2 Tassen Tomatenpüree oder 2 Tassen Wasser mit 2 EL Tomatenmark
1/2 TL gemahlener Kreuzkümmel
2 1/2 Tassen Fleischbrühe
3 Tassen Reis

Die Zwiebel fein würfeln, Dill und Petersilie fein hacken.
In einem Topf Öl erhitzen und die Zwiebel goldbraun braten. Tomatenpüree zugeben, gut umrühren und schmoren, bis die Masse bräunlich wird. Kräuter zugeben und schwenken, nach Geschmack Kreuzkümmel und Pfeffer unterrühren.
In die nun dickliche Sauce Brühe sowie Reis geben und aufkochen. Den Reis bei niedrigster Hitze zugedeckt 15 bis 20 Minuten kochen.
Den Topf vom Herd nehmen, den Reis mit einer Gabel auflockern und ein paar Minuten ruhen lassen.

Reis mit Nüssen und Rosinen

Ruz bil khalta (Libanon)

für 6 Personen

1/2 Tasse Rosinen
4-5 EL Butterschmalz
3 Tassen Reis
1/2 Tasse gehackte Nüsse oder Mandeln
1/4 Tasse Pinienkerne
1 EL Butter

Die Rosinen in etwas Wasser einweichen.
In einem Topf 3 El Butterschmalz erhitzen und den Reis unter Rühren bräunen. 4 1/2 Tassen heißes Wasser zugießen und aufkochen. Den Reis bei niedrigster Hitze zugedeckt 15 bis 20 Minuten kochen.
In einer Pfanne das restliche Butterschmalz erhitzen und die Nüsse anbräunen. Die Pinienkerne kurz rösten. Die Rosinen zufügen und kurz erwärmen.
Den Topf vom Herd nehmen, den Reis mit einer Gabel auflockern. Nüsse und Rosinen unterheben, Butterflocken darauf setzen und alles 10 Minuten ruhen lassen.

Auberginenreis

Patlıcanlı Pilav (Türkei)

für 6-8 Personen

1 kg Auberginen
4 Tomaten
2 mittelgroße Zwiebeln
1 kleines Bund Minze
1 kleines Bund glattblättrige Petersilie
2 Tassen Reis
Öl

Die Auberginen schälen, in Würfel schneiden, in ein Sieb legen, mit Salz bestreuen und eine Stunde Wasser ziehen lassen. Dann abspülen und ausdrücken. Die Tomaten kurz in kochendes Wasser tauchen, häuten und würfeln. Die Zwiebeln in dünne Ringe schneiden, Minze und Petersilie fein hacken.
In einer Pfanne Öl erhitzen und die Auberginenstücke anbraten. Herausnehmen und auf saugfähiges Küchenpapier legen. Die Zwiebeln im selben Öl anbraten. Tomaten, Kräuter, Pfeffer und Salz zugeben, zum Kochen bringen.
Auberginen sowie Reis beifügen und so viel Wasser zugießen, dass alles bedeckt ist. Bei starker Hitze aufkochen, die Temperatur sofort reduzieren und alles etwa 20 Minuten köcheln.

Gebackener Milchreis

Ruz mu'ammar (Ägypten)

für 4-6 Personen

200 g Butter
200 g dicke saure Sahne
250 g Rundkornreis
1 l Milch
Zucker und Zimt

Diese Methode, Milchreis zu kochen, hat den Vorteil, dass der Reis nicht anbrennt und durch Butter und saure Sahne besonders gut schmeckt.

Den Backofen auf 220° C vorheizen. Den Boden einer Steingut- oder Glasform mit Butter dick einstreichen. Die saure Sahne auf den Innenrand der Form streichen. Den Reis in die Form schütten. Milch mit einer Prise Salz erwärmen und über den Reis gießen.
Im Ofen auf unterer Schiene zugedeckt etwa anderthalb Stunden backen, die letzten 10 Minuten ohne Deckel.
Nach Geschmack Zucker und Zimt mischen, über den Milchreis streuen.

Variante
Mandeln oder Pinienkerne in Butter anbraten und über den Milchreis geben.

Reis mit Kruste
Tschello (Iran)

Der Tschello ist die Krone der persischen Reiskochkunst und braucht etwas Erfahrung. Durch langes Dämpfen entsteht am Boden des Topfes eine Kruste, die köstlich schmeckt.

2 Stunden einweichen
für 6 Personen

3 Tassen Reis
50 g Butter
Safran

Den Reis gründlich waschen, bis das Wasser klar bleibt. In Wasser mit 2 TL Salz zwei Stunden einweichen.
Abtropfen lassen. In einem Topf 6 Tassen Wasser mit etwas Salz aufkochen, den Reis zugeben und ohne Deckel 8 Minuten kochen.
In ein Sieb gießen und unter kaltem Wasser abspülen. Den Boden des Topfes mit wenig heißem Wasser und etwas Butter bedecken. Den Reis kegelförmig in den Topf schichten, mit einem Holzstiel mehrere Löcher hineinbohren, Butterflöckchen darauf setzen. Den Topf mit einem Deckel, um den ein Tuch gewickelt ist, schließen und den Reis bei niedrigster Hitze etwa eine Stunde dämpfen. Falls nötig, etwas Wasser zugießen.
Auf dem Boden hat sich eine feste Reiskruste gebildet, die sich am besten ablösen lässt, wenn man den Topf 5 Minuten in kaltes Wasser stellt.
Den losen Reis auf eine flache Schale schütten. Die Kruste mit einem Pfannenwender vorsichtig ablösen – möglichst in Stücken – und den Rand der Schale damit garnieren.

Varianten
Etwas Safran in heißem Wasser auflösen, einen Teil des Reises damit gelb färben und über den übrigen Reis streuen.
Den Boden des Topfes mit in Butter geschwenkten Kartoffel- oder Weißbrotscheiben auslegen oder etwas Joghurt in das Wasser mischen.

Reis mit Möhren
Hawidsch-Pollo (Iran)

für 6 Personen

3 Tassen Reis
3 Möhren
1 Zwiebel
2 EL Butter
1-2 Knoblauchzehen
1/2 Tasse Pistazienkerne
1/2 Tasse Rosinen
etwas Kurkuma
etwas gemahlener Zimt
Safran
2 Kartoffeln
50 g Butter

Den Reis gründlich waschen, bis das Wasser klar bleibt. In Wasser mit 2 TL Salz zwei Stunden einweichen.
Währenddessen die Möhren schaben und raspeln, die Zwiebel fein würfeln. In einer Pfanne Butter erhitzen, Zwiebel und zerdrückten Knoblauch goldbraun anbraten. Möhren, Pistazien, Rosinen und Gewürze zugeben, alles 10 Minuten schmoren. Kartoffeln schälen, in Scheiben schneiden und in Öl wenden.
Den Reis abtropfen lassen. In einem Topf 6 Tassen Wasser mit etwas Salz aufkochen, den Reis zugeben und ohne Deckel 8 Minuten kochen.
In ein Sieb gießen und unter kaltem Wasser abspülen. Den Boden eines Topfes mit den Kartoffeln auslegen, etwa 6 Tassen heißes Wasser und Butter zugeben. Abwechselnd die Möhren-Mischung und Reis in den Topf schichten, mit einem Holzstiel mehrere Löcher hineinbohren, Butterflöckchen darauf setzen. Den Topf mit einem Deckel, um den ein Tuch gewickelt ist, schließen und den Reis bei niedrigster Hitze etwa eine Stunde dämpfen. Falls nötig, etwas Wasser zugießen.

Reis mit Berberitzen
Sereschk-Pollo (Iran)

1/4 Tasse getrocknete Berberitzenbeeren
1/2 TL Safran
3 EL Butter
250 g gekochter Reis

Berberitzen etwa 30 Minuten in Wasser einweichen, dann abgießen. Etwas Safran in Wasser auflösen.

In einer Pfanne Butter zerlassen und die Berberitzen vorsichtig anbraten – die Beeren dürfen nicht schwarz werden.

Einen Teil des gekochten Reises mit Safranwasser mischen, bis er goldgelb wird. Den Reis auf einer Platte anrichten. Den Safranreis darüber geben und alles mit Berberitzen dekorieren.

Couscous (Grundrezept)

für 10 Personen

1 kg Couscous
Gemüsebrühe
1 Tasse Öl
150 g Butter

Den Couscous waschen, gut abtropfen lassen und mit der Hand auf einer Platte verteilen, um die Körner voneinander zu trennen. Den Couscoustopf auf den Herd stellen und mit Brühe füllen, in den oberen Teil (das Sieb) den Couscous geben. Die Brühe zum Kochen bringen und, sobald Dampf aufsteigt, den Couscous etwa 30 Minuten dämpfen.

Den Couscous erneut auf der Platte verteilen, mit etwas Wasser und Öl befeuchten, die Körner voneinander trennen und lockern. Nach und nach Öl und etwa 1/2 l Wasser zugießen und den Couscous quellen lassen, bis er die gesamte Flüssigkeit aufgenommen hat.

Den Couscous erneut in den oberen Teil des Topfes geben und die Brühe zum Kochen bringen. Sobald Dampf aus dem Topf steigt, den Couscous zum dritten Mal auf der Platte verteilen. 1 EL Salz zugeben und Butterflocken gleichmäßig unterrühren.

Den Couscous zum dritten Mal in den oberen Teil des Topfes geben und einige Minuten im Dampf der Brühe erwärmen.

Vor dem Servieren nochmals auflockern.

In arabischen Läden ist vorbereiteter Couscous erhältlich, den man nach Angabe auf der Packung auch einfacher zubereiten kann.

Gemüse-Couscous
Algerien

am Vortag beginnen
für 6 Personen

2 Tassen Kichererbsen
500 g Tomaten
500 g Möhren
nach Geschmack: Zucchini, Weißkohl, Blumenkohl, Broccoli, Porree
3 EL Olivenöl
etwas Harissa (Seite 28) oder 1 Chilischote, im Mörser zerstoßen
Gemüsebrühe
Kreuzkümmel
nach Geschmack: gehackter frischer Koriander
3 Tassen Couscous
Butter

Die Kichererbsen über Nacht in reichlich kaltem Wasser einweichen.
Am nächsten Tag die Tomaten kurz in kochendes Wasser tauchen, häuten und würfeln. Die Möhren schaben und in Scheiben schneiden. Die anderen Gemüse vorbereiten.
In einem Topf Öl erhitzen, die Tomaten mit Salz und Harissa bei mittlerer Hitze zu einer sämigen Sauce kochen. Kichererbsen zugeben, etwas Brühe zugießen und alles etwa 30 Minuten köcheln. Möhren und andere Gemüse je nach Garzeit beifügen und weitere 20 Minuten köcheln – alle Gemüse sollen noch Biss haben. Die Kichererbsen haben eine Gesamtkochzeit von etwa einer Stunde. Dann mit Pfeffer, Kreuzkümmel und eventuell Koriander würzen.
Den Couscous laut Grundrezept (Seite 170) zubereiten und auf einer Platte anrichten. Butterflocken unterrühren und das Gemüse darauf verteilen.

Süßer Couscous
Tunesien

1/2 Tasse Rosinen
6-8 getrocknete Aprikosen oder anderes Trockenobst
1/2 l schwacher schwarzer Tee
3-4 EL Butterschmalz
1/2 Tasse Mandeln oder Pinienkerne
1/2 Tasse gehackte Walnusskerne
Safran
gemahlener Zimt
2 Tassen Couscous

Rosinen und Aprikosen in Tee einweichen. In einer Pfanne Butterschmalz erhitzen, Mandeln und Walnüsse anbraten. Rosinen und Aprikosen abgießen, in die Pfanne geben und schwenken, mit Safran und Zimt würzen.
Den Couscous laut Grundrezept (Seite 170) zubereiten und auf einer Platte anrichten. Butterflocken unterrühren und die Mischung darauf verteilen.

Eiergerichte

Die Zugabe der verschiedensten Gemüsesorten, Kräuter und Gewürze in der Küche des Orients machen Omeletts und Rühreier abwechslungsreich und schmackhaft. Oft wird scharf gewürzt, Zwiebeln und Knoblauch fehlen selten. Das Gemüse wird häufig in Butter oder Öl vorgebraten, erst dann werden die Eier zugegeben. Dadurch wird der Geschmack reicher.

Alle Regionen des Orients bereiten Eierspeisen, wie so viele andere Gerichte auch, sehr ähnlich zu. Gebratene Eier, Rühreier oder Omeletts unterscheiden sich meist nur in der Art der zugegebenen Kräuter und Gewürze. Im Iran sind die Kuku genannten Omeletts sehr beliebt, die als Vorspeise, Hauptspeise oder auch als Nachtisch gegessen werden. In den arabischen Ländern und der Türkei werden die Rühreier häufig mit Frischkäse, seltener auch mit Hartkäse zubereitet.

Burghul-Eier

Ta'leya (Maghreb)

Dieses Rezept aus der nordafrikanischen Region, in dem rohe Eier mit Schale in Burghul gekocht werden, klingt zunächst ungewöhnlich. Es ist jedoch auch in anderen Ländern üblich, Eier über längere Zeit mitzugaren oder mitzubacken, wodurch sie einen intensiven Geschmack annehmen. Nach einem libanesischen Rezept werden die Eier sechs Stunden mit roten Zwiebelschalen gekocht, so dass sie tiefrot werden.

2 Tassen Burghul (Seite 25)
2 Zwiebeln
6 EL Butterschmalz oder Öl
4 Eier
3 Knoblauchzehen
1 TL gehackter frischer Koriander

Den Burghul 5 Minuten in Wasser einweichen, dann in einem Sieb gut abtropfen lassen. 10 Minuten ruhen lassen. Die Zwiebeln fein würfeln.
In einem Topf oder einer hohen Pfanne 4 EL Butterschmalz erhitzen und die Zwiebeln goldbraun braten. Den Burghul zugeben und mit der doppelten Menge Wasser bedecken. Die Eier mit Schale hineinlegen, Pfeffer und Salz zugeben. Alles bei schwacher Hitze zugedeckt anderthalb bis zwei Stunden köcheln, bis der Burghul weich ist. Immer wieder vorsichtig umrühren und, falls nötig, etwas Wasser zugießen, damit der Burghul nicht ansetzt.
In einer zweiten Pfanne das restliche Butterschmalz erhitzen, zerdrückten Knoblauch, Pfeffer und Salz etwa 2 Minuten schwenken. Zur Burghul-Mischung geben und vorsichtig unterrühren. Die Eier herausnehmen, kalt abspülen und pellen – durch das lange Kochen ist das Eiweiß braun geworden, aber auch besonders schmackhaft.
Auf jeden Teller ein Ei legen und den Burghul dazu servieren.

Zucchini-Käse-Pfannkuchen
Kabak Mücveri (Türkei)

750 g möglichst kleine Zucchini
5-6 Lauchzwiebeln
1 kleines Bund Petersilie
1 kleines Bund Dill
4-6 Eier
2 TL edelsüßer Paprika
125 g Mehl
250 g bröseliger türkischer Schafskäse
Olivenöl

Zucchini raspeln, in ein Sieb geben und salzen. 15 Minuten Wasser ziehen und abtropfen lassen. Lauchzwiebeln in Ringe schneiden und Kräuter hacken.
In einer Schüssel Zucchini mit Eiern, Kräutern, Paprika, Pfeffer und Salz mischen. Nach und nach Mehl und zerbröselten Schafskäse unterheben.
In einer Pfanne Öl erhitzen und die Lauchzwiebeln kurz anbraten. Die Zucchini-Eier-Mischung löffelweise in die Pfanne geben und 5 Minuten braten, dabei wenden – das Öl nicht zu heiß werden lassen.

Mit Joghurtsauce (Seite 95) und Fladenbrot (Seite 65) servieren.
Die kleinen Eierplätzchen kann man auch als Vorspeise servieren. Sie können warm oder kalt gegessen werden.

Eier mit Käse und Spinat
Ispanaklı Peynirli Yumurta (Türkei)

500 g Spinat
1 kleine Zwiebel
Öl
100 g bröseliger türkischer Schafskäse
4-6 Eier

Den Spinat grob, die Zwiebel fein hacken.
In einer Pfanne Öl erhitzen und die Zwiebel anbraten. Den Spinat zugeben und schwenken, bis er zusammenfällt. Kochen, bis die Flüssigkeit nur noch den Boden bedeckt. Den Käse unterrühren. Die Eier wie Spiegeleier darüber schlagen. Zugedeckt braten, bis die Eier gar sind.
Nach Geschmack würzen.

Rühreier mit Gemüse
Aleppo-Eier (Syrien)

In den Garküchen im Souk (Basar) von Aleppo werden wohlschmeckende Rühreier mit Gemüse zubereitet. In einer großen Pfanne mit vielen halbkugelartigen Mulden werden sie über offenem Feuer gebraten. Man bekommt die Portionen mit einer scharfen Sauce und Fladenbrot. Hinterher wird ein starker Tee serviert.

2 kleine grüne Paprikaschoten
3 Tomaten
1 kleine Zucchino
1-2 Zwiebeln
1 Bund Petersilie
Öl oder Butterschmalz
8 Eier
1 Prise gemahlener Kreuzkümmel

Das Gemüse in kleine Würfel schneiden, die Petersilie hacken.
In einer Pfanne Öl erhitzen, je nach Garzeit nacheinander Zwiebeln, Paprika, Zucchino, Tomaten und Petersilie anbraten – das Gemüse soll noch Biss haben.
In einer Schüssel die Eier mit 1 TL Salz, 1/2 TL schwarzem Pfeffer und Kreuzkümmel schlagen. Zum Gemüse geben und bei schwacher Hitze langsam stocken lassen. Wenn das Rührei braun wird, Portionen abstechen und einmal kurz wenden.

Mit einer würzigen Sauce und Fladenbrot (Seite 65) servieren.

Rühreier mit Tomaten
Beid makli bi banadura (Bahrein)

4-6 Tomaten
3 EL Butterschmalz
8 Eier
1 TL milder Curry

Dieses Gericht stammt aus dem Golfstaat Bahrein, in dessen Küche viele indische Einflüsse wirken. So verwendet man dort beispielsweise den sonst nicht typischen Curry zum Würzen.

Die Tomaten in feine Scheiben schneiden.
In einer Pfanne 2 EL Butterschmalz erhitzen und die Tomaten braten, bis sie fast eingetrocknet sind. Die Eier schlagen, mit Curry und Salz würzen. Über die Tomaten gießen und alles vermischen. Bei mittlerer Hitze unter ständigem Rühren braten, bis die Eier gestockt sind.

Kräuteromelett
Kuku-e-Sabsi (Iran)

2 Zwiebeln
1 Bund Petersilie
1 Bund Schnittlauch
1 Bund Dill
1 Bund Minze
8 Eier
1/2 TL Kurkuma
1 EL Mehl
Butter oder Öl

Die Zwiebeln in feine Würfel schneiden, die Kräuter fein hacken.
Die Eier schlagen, Kräuter untermischen, mit 1/2 TL Pfeffer und Kurkuma würzen. Mehl darüber streuen und gut vermischen.
In einer Pfanne Butter erhitzen und die Zwiebeln goldbraun anbraten. Die Eier-Kräuter-Mischung zugeben und bei schwacher Hitze stocken lassen, bis sie eine braune Farbe annimmt. In Tortenstücke teilen, wenden und noch einmal kurz braten.

Dazu schmeckt Spinat mit Joghurt (Seite 59).

Auberginen-Omelett

Kuku-e-Bademdschan (Iran)

250 g Auberginen
1 große Zwiebel
10 EL Olivenöl
1 TL Kurkuma
schwarzes oder rotes Chilipulver
6 Eier

Die Auberginen schälen, in 2 cm dicke Würfel schneiden und 30 Minuten in kaltes Salzwasser legen. Dann abspülen und ausdrücken. Die Zwiebel in 1/2 cm dicke Ringe schneiden.
4 EL Öl erhitzen und die Zwiebelringe unter häufigem Wenden anbräunen. Herausnehmen und zur Seite stellen. Das restliche Öl in die Pfanne gießen und die Auberginenwürfel unter ständigem Rühren anbraten. 1/4 l Wasser, etwas Salz, Kurkuma, Chili und Pfeffer nach Geschmack zugeben. Bei schwacher Hitze zugedeckt 10 Minuten schmoren, bis die Auberginen weich sind. Zwiebelringe wieder zugeben und alles unter häufigem Rühren kochen.
Wenn fast die gesamte Flüssigkeit verdampft ist, alles in eine tiefe Rührschüssel geben und abkühlen lassen. Die Eier unterrühren.
In einer schweren Pfanne (25 cm Durchmesser) etwas Öl erhitzen und die Mischung bei schwacher Hitze zugedeckt 5 Minuten stocken lassen. Das Omelett lösen, in Tortenstücke schneiden, 1 bis 2 Minuten weiterbraten. Wenden und noch einmal kurz braten.

Schmeckt gut mit einem Tomatensalat.

Omelett mit Lauchzwiebeln
Ijee (Jemen)

400 g Spinat
2 Lauchzwiebeln
8 Eier
4 EL Butter
schwarzes oder rotes Chilipulver
nach Geschmack: Kurkuma

Den Spinat in Streifen schneiden und blanchieren. Die Lauchzwiebeln in feine Ringe schneiden, einen Teil des grünen Stängels mitverwenden. Die Eier schlagen und mit dem Gemüse vermischen.
In einer kleinen Pfanne 1 EL Butter zerlassen und ein Viertel der Ei-Mischung bei mittlerer Hitze stocken lassen, bis sie goldbraun ist. Vorsichtig wenden und noch einmal kurz braten. Mit Chili und eventuell Kurkuma würzen. Herausnehmen und warm halten. Mit der restlichen Ei-Mischung auf gleiche Weise verfahren.

Arabisches Omelett mit Käse
Beid makli bi gibna (Libanon)

8 Eier
125 g frischer, möglichst bröseliger Schafskäse
1/4 Tasse Milch
4 EL Butter

Die Eier schlagen. Den Käse zerbröseln und mit Pfeffer, Salz und Milch zugeben, gut verrühren. In einer kleinen Pfanne Butter zerlassen und ein Viertel des Teigs bei schwacher Hitze goldbraun ausbacken, einmal wenden. Mit dem restlichen Teig auf gleiche Weise verfahren.

Süßspeisen und Gebäck

Orientalische Süßspeisen haben, ebenso wie orientalisches Gebäck, einen legendären Ruf und auch bei uns ihre begeisterten Liebhaber. Pistazien, Mandeln und Nüsse, Schmalz, Honig und Zucker verleihen ihnen die üppige und verführerische Aura. Orangenblüten- oder Rosenwasser spenden den exotisch blumigen Geschmack, der allerdings für manche mitteleuropäische Zunge gewöhnungsbedürftig sein kann.
Früher waren Blütenaromen auch in Europa beliebt und verbreitet. Einige haben sich erhalten: beispielsweise Safran, Zimt und Muskat.
Am besten kauft man Leckereien wie Baklawa, Kunafa oder Basbousa in türkischen oder arabischen Bäckereien. Frisch hergestellt schmecken sie wunderbar und sind eine Abwechslung zum Kaffee oder als Nachtisch. Besser noch: Man wagt sich selbst an die Zubereitung.
Als Nachtisch nimmt man im Orient, nach den meist recht sättigenden Mahlzeiten, an normalen Tagen lieber frische Früchte zu sich und trinkt dazu starken Tee oder Kaffee. Nachmittags zur Teezeit reicht man wie bei uns gerne kleines Gebäck, etwa Awami oder Ka'ak. Die schweren Süßspeisen werden nur zu besonderen Gelegenheiten serviert, wenn es Gäste zu bewirten oder etwas zu feiern gibt. Für religiöse Feiertage existieren wie bei uns besondere Gerichte. Manche der orientalischen Süßigkeiten gelten auch als aphrodisierend, was ihnen den schönen Namen Haremsspeisen eingetragen hat.

Ferni
Afghanistan

3 EL Stärke
1 l Milch
125 g Zucker
50 g Mandelstifte
etwas Rosenwasser (Seite 30)
Pistazienkerne

Die Stärke mit etwas kalter Milch glatt rühren. Die restliche Milch mit Zucker aufkochen, Stärke, Mandelstifte und Rosenwasser unter ständigem Rühren hinzufügen, zu einem leichten Pudding aufkochen.
Kleine Schälchen kalt ausspülen, den Pudding einfüllen und mit Pistazien bestreuen. Abkühlen lassen und vor dem Servieren eine Stunde in den Kühlschrank stellen.

Zuckersirup
Scharbat, Attar (Iran)

2 Tassen Zucker
nach Geschmack:
2 EL Zitronensaft, einige Tropfen Orangenblüten- oder Rosenwasser (Seite 30), 1 kleine Zimtstange

Zuckersirup wird häufig bei der Zubereitung von orientalischen Nachspeisen und Gebäck verwendet, außerdem ist er zum Süßen von Obst und Tee beliebt. Zuckersirup besteht nicht nur aus Wasser und Zucker, sondern wird mit Zitrone, Orangenblütenwasser, Rosenwasser und Zimt verfeinert. Je länger man ihn kocht, desto dicker und süßer wird er. Er kann auf Vorrat zubereitet und im Kühlschrank aufbewahrt werden.

In einem Topf 2 Tassen Wasser mit Zucker verrühren und zum Kochen bringen. Bei schwacher Hitze köcheln, bis sich der Zucker auflöst.
Zitronensaft oder andere Zutat beifügen und 15 bis 20 Minuten köcheln. Der Sirup dickt auf etwa die Hälfte ein und nimmt eine goldene Farbe an – nicht zu dick und braun werden lassen.

Der Sirup wird heiß über kalte Kuchen oder kalt über heiße Kuchen gegossen. Bei gleicher Temperatur wird der Teig leicht zu weich.

Kunafa

Ostarabische Länder, Ägypten

für 8 Personen

500 g Teigfäden (als »Kunafa« abgepackt in türkischen Läden erhältlich)
250 g Butter
1/2 Tasse gehackte Mandeln, Pistazien, Wal- oder Haselnusskerne
1/2 Tasse Rosinen
250-500 g Mozzarella, Ricotta oder dicker türkischer Joghurt

für den Zuckersirup:
1 Tasse Zucker
1 Tasse Wasser
1 EL Zitronensaft

Den Zuckersirup zubereiten (Seite 183) und abkühlen lassen.
In einer großen Schüssel die Teigfäden auseinander zupfen, bis alle Fäden gelockert sind. Butter zerlassen und darüber gießen. Die Teigfäden per Hand mit der Butter vermischen, bis diese sich gleichmäßig verteilt hat. Den Backofen auf 180° C vorheizen.
Die Hälfte der Mischung in eine flache runde Backform (25 cm Durchmesser) schichten und fest andrücken. Mandeln und Rosinen darüber verteilen.
Den Käse in dünne Scheiben schneiden und darauf legen oder den Joghurt mit einem Löffel verstreichen. Die restlichen Teigfäden darüber schichten, noch einmal fest andrücken. Im Ofen etwa 30 Minuten backen, bis die Fäden eine goldbraune Farbe annehmen. Sofort herausnehmen, damit die Fäden nicht zu trocken werden.
Gleichmäßig mit erkaltetem Zuckersirup beträufeln, warm oder kalt servieren.

Nach Geschmack Schlagsahne dazu reichen.

Variante
Den Mozzarella durch Schlagsahne ersetzen.

Baklawa
Baklawa (arabische Länder) /
Baklava (Türkei)

Baklawa ist wohl eine der bekanntesten orientalischen Süßspeisen. Sie wird aus Blätterteig gebacken, der natürlich frisch zubereitet am besten schmeckt. Doch ist heutzutage auch der tiefgefrorene Teig ausgezeichnet und erspart das langwierige und nicht ganz unproblematische Selbermachen. Wie bei Kunafa sind die Zutaten von Baklawa Zuckersirup und Butter, Nüsse und Pistazien – und natürlich ist das Gebäck ebenso süß und klebrig.

für 8 Personen

500 g tiefgefrorener Blätterteig
2-3 Tassen fein gehackte Walnusskerne oder Pistazien
1/2 Tasse Zucker
1/2 TL gemahlener Zimt
1 Prise geriebene Muskatnuss
500 g Butter

für den Zuckersirup:
2 Tassen Zucker
2 Tassen Wasser
1/2 Zitrone (Saft)

Den Zuckersirup zubereiten (Seite 183) und abkühlen lassen.
Den Teig auftauen und in zwei Hälften teilen, den nicht benutzten Teig mit einem feuchten Tuch bedecken. Nüsse und Zucker vermischen, Zimt und Muskat zugeben. Den Backofen auf 180° C vorheizen.
Den Boden einer Backform mit zerlassener Butter einfetten. Zwei Schichten Blätterteig hineinlegen, jeweils mit Butter bestreichen. Die Nuss-Mischung darauf verteilen. Restlichen Blätterteig darüber legen und ebenfalls mit Butter bestreichen.
Den Teig kreuz und quer in 3 cm große längliche Stücke schneiden. Die Form in den Ofen stellen, die Hitze auf 150° C verringern und die Baklawa anderthalb bis zwei Stunden goldbraun backen.
Herausnehmen und 10 Minuten abkühlen lassen. Dann mit erkaltetem Zuckersirup begießen. Einziehen lassen.

Basbousa
Ägypten

250 g Butter
2 Tassen Grieß
1/2 TL Backpulver
2 Becher Joghurt
1 Tasse Zucker
1 Päckchen Vanillezucker
1/4 Tasse Kokos- oder Mandelraspel
1 Päckchen ganze Mandeln

für den Zuckersirup:
2 Tassen Zucker
2 Tassen Wasser
1 Zitrone (Saft)

Basbousa ist, neben Baklawa und Kunafa, das dritte orientalische Gebäck, das nach einem ähnlichen Prinzip hergestellt wird. Es wird ebenfalls mit Zuckersirup übergossen und ist entsprechend süß und gehaltvoll. Doch wird hier ein Teig zubereitet, den man leicht selbst herstellen kann und der – bis auf die fehlenden Eier – unserem Kuchenteig ähnlich ist.

Den Zuckersirup zubereiten (Seite 183) und abkühlen lassen.
Butter zerlassen, in einer Schüssel mit Grieß und Backpulver mischen, 15 Minuten ruhen lassen. Währenddessen Joghurt mit Zucker, Vanillezucker und Kokosraspel mischen. Den Backofen auf 180° C vorheizen.
Beide Mischungen vermengen, in eine runde Kuchenform (25 cm Durchmesser) füllen und andrücken. Mit einem Messer längs und quer in Rautenform einschneiden. Im heißen Ofen backen, bis die Basbousa eine goldbraune Farbe annimmt.
Herausnehmen und mit erkaltetem Zuckersirup begießen. In die Rauten ganze Mandeln drücken.
Warm oder kalt servieren.

Nachspeise von Alis Mutter
Om' Ali (Ägypten)

Von dieser Süßspeise wird erzählt, dass eine arabische Mutter sie kreiert hat, die ihren Sohn Ali verwöhnen wollte. In Ägypten eine der beliebtesten Nachtische.

4 Sesambrötchen oder eine entsprechende Menge türkisches Fladenbrot
1 l Milch oder mehr
1/2 Tasse Zucker
1 Tasse Rosinen
1/2-1 Tasse Mandeln oder Nüsse
1/2-1 Tasse Kokosraspel
1 Prise gemahlener Zimt
250 g Butter

Die Brötchen kurz aufbacken, damit sie knusprig sind, und in kleine Stücke schneiden. Den Backofen auf 200° C vorheizen.
Milch und Zucker unter Rühren erhitzen, bis sich der Zucker auflöst. Rosinen, Mandeln, Kokosraspel und Zimt vermischen. Eine feuerfeste Steingutform oder mehrere kleine Schüsselchen einfetten und die Hälfte des Brotes hineingeben.
Einen kleinen Teil der Brotstücke und der Rosinenmischung zur Seite stellen. Den Rest in die Form geben und mit Milch übergießen. Die zur Seite gestellten Brotstücke und die Rosinenmischung darüber verteilen und so in die Milch tauchen, dass alles gerade bedeckt ist. Mit zerlassener Butter übergießen und etwa 15 Minuten goldbraun backen.

Gefüllte Pfannkuchen
Katayef (Libanon)

für 4-6 Personen

1 Päckchen Hefe
1 TL Zucker
500 g Mehl
200 g Butterschmalz
1/4 TL Backpulver
Butter zum Bestreichen

für die Füllung:
6 Tassen gehackte Walnusskerne
1/2 Tasse Zucker
1/2 TL geriebene Muskatnuss
1/2 TL gemahlener Zimt

für den Zuckersirup:
1 1/2 Tassen Zucker
1 1/2 Tassen Wasser
1/2-1 Zitrone (Saft)

Dieser Pfannkuchen aus Hefeteig wird so dünn wie möglich gebacken und mit einer würzigen Nussmischung gefüllt – fast schon eine süße Hauptspeise.

Den Zuckersirup zubereiten (Seite 183) und abkühlen lassen.
Die Hefe mit Zucker in 2 EL warmem Wasser auflösen und 10 Minuten gehen lassen. Mehl mit Butterschmalz und einer Prise Salz kneten. 8 Tassen lauwarmes Wasser in eine Küchenmaschine gießen, einschalten, nach und nach die Mischung zugeben, bis ein dünner Teig entsteht – oder das Handmixgerät verwenden. Die Hefe zugeben und alles weitere 2 Minuten mixen. 45 Minuten gehen lassen, gelegentlich umrühren. Dann das Backpulver hinzufügen und rühren, bis sich Blasen bilden. Den Ofen auf 200° C vorheizen.
Eine kleine Pfanne erhitzen, eine Schöpfkelle Teig hineingeben und backen. Die Pfannkuchen auf ein Backblech legen, abkühlen lassen.
Für die Füllung alle Zutaten miteinander vermengen. Auf die eine Seite der Pfannkuchen geben und diese zu einem Halbkreis umklappen. Mit Butter bestreichen. Das Blech in den Ofen schieben und die Pfannkuchen weitere 10 Minuten backen.
Herausnehmen und mit erkaltetem Zuckersirup begießen.

Apfelomelett
Kuku-e-Sib (Iran)

Dieses Gericht kann als Nachtisch oder am Nachmittag statt Kuchen gegessen werden. Es schmeckt Kindern auch als Hauptmahlzeit. Durch die Äpfel ist es leichter als viele andere Süßspeisen des Orients.

250 g Kartoffeln
4 säuerliche Äpfel
etwas Safran
etwas geriebene Muskatnuss
1 EL Zucker
4 Eier
Butter

Die Kartoffeln bürsten und kochen, anschließend pellen und pürieren. Die Äpfel reiben. Safran, Muskat und Zucker mit heißem Wasser verrühren und zu den Äpfeln mischen. Die Eier mit der Apfelmasse verquirlen.
In einer Pfanne Butter erhitzen, den Teig portionsweise hineingeben, anbraten und wenden.

Aprikosenpudding
Kamardiniyeh (ostarabische Länder)

Ein süßer und fruchtiger Nachtisch, der besonders in der Zeit des Ramadan sehr beliebt ist.

1 Dose Aprikosen (500 g)
5 EL Mais- oder Reismehl
1/2 Tasse Zucker

Die Aprikosen mit Saft im Mixer pürieren. Das Maismehl in einer 1/2 Tasse Wasser auflösen, bis keine Klümpchen mehr vorhanden sind. Mit Aprikosenpüree und Zucker vermischen. In einem Topf bei mittlerer Hitze unter ständigem Rühren etwa 5 Minuten kochen, bis die Mischung dick wird.
In Schälchen oder Gläser füllen und kalt servieren.

Wenn man die Aprikosenmasse lange genug einkocht, wird sie so dick wie Quittenbrot. Man kann sie aber auch als leichteren Pudding servieren.

Reispudding

Ruz bil laban (arabische Länder) / Scholeh Sard (Iran) / Sütlaç (Türkei)

1 Tasse Milchreis
4 Tassen Milch
nach Geschmack: 1/2 TL Safran
1 Blatt Gelatine
3/4 Tasse Zucker
1 Stück Butter
nach Geschmack: 2 TL Orangenblüten- oder Rosenwasser (Seite 30)
25 g Pistazienkerne
50 g Mandelsplitter
100 g Rosinen
1 TL gemahlener Zimt

Reispudding ist einer der Nachspeisen, die im gesamten Orient bekannt sind und von dort nach Griechenland tradiert wurden.

Den Reis mit 1 1/2 Tassen Wasser bei schwacher Hitze aufkochen. Wenn er dick zu werden beginnt, Milch zugießen und bei schwacher Hitze unter ständigem Rühren aufkochen. Eventuell mit Safran färben. Die Gelatine auflösen.
Zucker, Butter und Gelatine in den Milchreis geben und warten, bis die Mischung dick wird und der Reis weich ist. Nach Geschmack Orangenblüten- oder Rosenwasser unterrühren, weitere 5 Minuten köcheln.
In kleine Schüsselchen füllen, abkühlen lassen und in den Kühlschrank stellen.
Mit Pistazien, Mandeln und Rosinen garnieren, mit Zucker und Zimt bestreuen.

Safrancreme
Katschi (Iran)

Safrancreme ist ein traditioneller iranischer Nachtisch, der zu besonderen Anlässen zubereitet wird. Da ihm stärkende Wirkung zugeschrieben wird, wird er gerne frisch Verheirateten oder nach der Geburt eines Kindes serviert.

für 6 Personen

100 g Butter
150 g Mehl
150 g Zucker
1/2 TL Safran
etwas Kardamom
3 EL Rosenwasser (Seite 30)
Pistazienkerne
Mandeln

In einem Topf Butter zerlassen, nach und nach Mehl zugeben und unter ständigem Rühren langsam bräunen. 600 ml Wasser und Zucker beifügen, gut umrühren und aufkochen. Die Creme vom Herd nehmen.
In einem kleinen Topf 100 ml Wasser aufkochen, Safran, Kardamom und Rosenwasser zugeben. Die Flüssigkeit zur Creme geben und alles noch einmal unter Rühren kurz kochen.
Die Creme in kleine Schüsselchen füllen, mit Pistazien und Mandeln verzieren. Abkühlen lassen und in den Kühlschrank stellen.

Safrancreme kann auch warm serviert werden.

Variante
Nach Geschmack zusätzlich mit Aprikosen- oder Pfirsichstückchen garnieren.

Gefüllte Datteln

Balah mahshi (Irak)

10-14 große Datteln
100 g Pistazienkerne
50 g Butter
etwa 1 TL Rosenwasser (Seite 30)
4 EL Puderzucker

Datteln waren lange Zeit das Einzige, was in den Oasen der Wüstengebiete des Orients wuchs. Auf ihren ausgedehnten Karawanenzügen haben sich die Menschen hauptsächlich von ihnen ernährt. Wohlschmeckend und süß, wurden Datteln mit aromatischen und würzigen Füllungen verfeinert.

Die Datteln der Länge nach einschneiden, den Kern entfernen und die entstandenen Löcher mit den Finger etwas vergrößern. Einige Pistazien zur Seite legen, die übrigen hacken.
Butter zerlassen, mit Pistazien und Rosenwasser im Mixer vermischen. Puderzucker durch ein Sieb zugeben und alles zu einem Brei mischen.
Die Datteln mit dem Brei füllen und im Kühlschrank auskühlen lassen.
Mit Pistazien garnieren.

(ansichtssache.de)

▲ Nüsse und getrocknete Früchte verfeinern die orientalischen Süßspeisen und verleihen ihnen den üppigen und verführerischen Charme.

(ansichtssache.de)

▲ Indigo und Safran sowie alle anderen Gewürze werden im Orient aufgrund der wohltuenden Wirkung auf den Körper geschätzt.

(Hamidullah Kabuli Kohgadai)

▲ Gefüllte Teigtaschen (z.B. mit Spinat, auf S. 58) sind eine bekannte Vorspeise.

(Metin Yilmaz)

▲ Ein schmackhafter Imbiss: Oliven, hier geritzt und mit Zitronenscheiben serviert.

Honig-Konfekt

Halawit asal (Jemen)

Der feinste Honig, so heißt es, wird in den Wüsten des Jemen gesammelt. In den dortigen Oasen leben kleine, graue Bienen, die den Honig ausschließlich aus Dattelblüten gewinnen. Die Mengen sind dementsprechend klein und der jemenitische Wüstenhonig eine Kostbarkeit, die das Zehnfache des gewöhnlichen Honigs kostet. Das liegt allerdings nicht nur an seiner Seltenheit: Die Jemeniten glauben, dass er aphrodisierende Wirkung hat.

50 g Rosinen
100 g Butter
75 g flüssiger Honig
2 Eigelb
200 g Mehl
etwas Kardamom
1-2 TL Rosenwasser (Seite 30)

Rosinen 10 Minuten einweichen, dann abgießen und gut abtropfen lassen. Den Backofen auf 180° C vorheizen.
Butter mit Honig und Eigelben im Mixer vermischen. Mehl unterrühren, Kardamom, Salz, Rosinen und Rosenwasser zugeben. Durchkneten und kleine Kugeln formen.
Die Kugeln auf ein mit Backpapier ausgelegtes Blech setzen und backen, bis sie eine bräunliche Farbe annehmen.

Aşure / Asura
Türkei / arabische Länder

am Vortag beginnen
für 8-10 Personen

100 g Weizen (als »Asurelik Bugday« in türkischen Läden erhältlich)
100 g getrocknete weiße Bohnen
100 g Kichererbsen
2-3 Orangen
100 g getrocknete Pflaumen
100 g getrocknete Aprikosen
100 g getrocknete Feigen
100 g Rosinen
500 g Zucker
2 EL Stärkemehl
1 Granatapfel
nach Geschmack: 1 EL Rosenwasser (Seite 30)
gemahlener Zimt
150 g gehackte Walnusskerne

Am Tag nach der Sintflut, als Noah auf dem Berg Ararat in der Türkei wieder auf Land stieß und mit seinen Gefährten die Arche verlassen konnte, dankten sie Gott mit einem Festessen, das aus den Resten ihres Proviants bestand. Im Gedenken an diesen Tag wird in der Türkei, als Abschluss eines zwölftägigen Fastens im Monat Muharrem, diese Speise zubereitet. Aşure setzt sich traditionell aus zwölf Sorten von Körnern, Früchten und Nüssen zusammen und soll an Nachbarn und Freunde verschenkt werden.
Eine schiitische Legende bezeugt zudem, dass Asura zum Gedenken an die Schlacht bei Kerbala zubereitet wird, bei der Hussein, Sohn Alis und Enkel Mohammeds, ums Leben kam. Die Schiiten feiern diesen Tag, dem Fasten und Beten vorausgeht, mit einer Trauerprozession.

Weizen, Bohnen und Kichererbsen in getrennten Schüsseln über Nacht in Wasser einweichen.
Am nächsten Tag abgießen. Den Weizen eine Stunde, Bohnen und Kichererbsen 20 Minuten kochen. Erneut abgießen.
Die Orangen schälen und mit entkernten Pflaumen, Aprikosen und Feigen in kleine Stücke schneiden.
Weizen, Bohnen und Kichererbsen mit Orangen, Pfaumen, Aprikosen, Feigen, Rosinen und Zucker in einen großen Topf geben, mit Wasser bedecken. Die Stärke mit 1 Tasse Wasser verrühren, zugießen und alles 20 Minuten kochen.
Die Kerne aus dem Granatapfel lösen.
Die fertige Speise nach Geschmack mit Rosenwasser und Zimt würzen. In eine Schüssel oder kleine Schälchen füllen, Walnüsse und Granatapfelkerne darüber streuen. Heiß oder kalt servieren.

Hefeteigringe
Kaak joujou (Tunesien)

1 Päckchen Hefe
100 g Zucker
2 EL warme Milch
500 g Mehl
1 Päckchen Vanillezucker
4 Eier
Öl zum Ausbacken
100 g Mandelsplitter

für den Zuckersirup:
1 1/2 Tassen Zucker
1 1/2 Tassen Wasser
1/2-1 Zitrone (Saft)

Die Hefe mit etwas Zucker und warmer Milch anrühren, 10 Minuten gehen lassen. Mehl, restlichen Zucker, Vanillezucker und eine Prise Salz vermischen. Hefe und Eier zugeben, alles gut durchkneten. An einem warmen Ort zugedeckt eine Stunde gehen lassen.
Währenddessen den Zuckersirup zubereiten (Seite 183) und abkühlen lassen.
Den Teig 1 bis 2 cm dick ausrollen und mit Hilfe unterschiedlich großer Gläser nicht zu große Ringe ausstechen oder Teigwürste rollen und zu Ringen zusammenlegen. Zugedeckt weitere 20 Minuten gehen lassen.
In einer Pfanne Öl erhitzen und die Ringe ausbacken, dabei einmal wenden.
Im erkalteten Zuckersirup wälzen und mit Mandelsplittern bestreuen.

Butterkekse mit Füllung
Ostarabische Länder

5-6 Stunden ruhen lassen

400 g Hartweizengrieß
100 g Vollkornweizenmehl
500 g weiche Butter
2-3 TL Rosenwasser (Seite 30)
1 Päckchen Trockenhefe (für 500 g Mehl)

für die Pistazienfüllung:
250 g Pistazienkerne
100 g Hagelzucker
1 EL Zitronenblütenessenz (in arabischen oder Feinkostläden erhältlich) oder Orangenblütenwasser (Seite 30)

für die Dattelfüllung:
250 g Datteln
150 g Butter
1 TL Rosenwasser

für die Walnussfüllung:
250 g Walnusskerne
100 g Hagelzucker
1 TL Rosenwasser

Dieser Keksteig wird nicht nur aus Mehl, sondern vor allem aus Grieß hergestellt. Die Füllungen sind typisch für den orientalischen Geschmack.

In einer Schüssel Grieß und Mehl gut vermischen, Butter und Rosenwasser unterkneten. Den Teig zugedeckt vier bis fünf Stunden stehen lassen.
Die Hefe in 200 ml lauwarmem Wasser auflösen, zugeben und alles 15 Minuten kräftig durchkneten, so dass ein geschmeidiger Teig entsteht. Er darf nicht zu flüssig sein, wenn nötig, etwas Mehl oder Grieß unterkneten. Den Teig eine weitere Stunde gehen lassen.
Für die Pistazienfüllung die Kerne klein hacken, mit Zucker vermischen, mit Zitronenblütenessenz und etwas Wasser verkneten.
Für die Dattelfüllung die Früchte längs aufschneiden, entkernen und fein würfeln. In einer Pfanne die Butter bei schwacher Hitze zerlassen, die Dattelstücke zugeben und rühren, bis sich eine Masse bildet. Das Rosenwasser gut unterrühren. Die Masse abkühlen lassen.
Für die Walnussfüllung die Nüsse zerhacken, mit Zucker und Rosenwasser verkneten.
Den Teig in walnussgroße Stücke zerteilen und in der Hand flach drücken. In die Mulde jeweils etwas von einer der Füllungen geben, zusammenklappen und sorgfältig verschließen.
Die Kekse auf ein mit Backpapier ausgelegtes Blech setzen und im Ofen bei 200° C etwa 10 Minuten backen.

Varianten
Die Kekse nach dem Erkalten mit etwas Puderzucker bestreuen. Es ist auch möglich, den Teig auszurollen, rund auszustechen und ähnlich wie Ravioli zu füllen. Zur Zierde kann man mit der Gabel vorsichtig Muster auf die Kekse drücken.

Dattelkuchen
Ka'aka tamre (Irak)

Den Backofen auf 200° C vorheizen.
Für die Dattelmasse die Früchte längs aufschneiden, entkernen und klein schneiden. Den Boden eines Topfes mit Wasser bedecken, erhitzen und die Datteln kurz kochen, bis sie weich sind. Mandeln mit Zimt, Muskat und Zitronensaft zugeben, kurz aufkochen. Den Topf vom Herd nehmen.
Zucker, Vanillezucker, eine Prise Salz und Butter im Mixer vermengen. Mehl mit Backpulver zugeben und alles zu einem Teig kneten.
Die Hälfte des Teigs in eine eingefettete Kuchenform schichten, die Dattelmasse darauf verteilen, den Rest des Teigs darüber krümeln. Im Ofen bei 200° C etwa 45 Minuten backen.

Für diesen Dattelkuchen kann man außer dem angegebenen Teig, der ohne Eier hergestellt wird, auch einen anderen Kuchenteig verwenden. Auch in den arabischen Ländern gibt es verschiedene Rezepte.

3 EL Zucker
1 Päckchen Vanillezucker
125 g Butter
250 g Mehl
1 TL Backpulver

für die Dattelmasse:
250 g frische oder 200 g getrocknete Datteln
120 g gehackte Mandeln und/oder Walnusskerne
1/2 TL gemahlener Zimt
1/4 TL geriebene Muskatnuss
2 EL Zitronensaft

Rezeptregister

Stichwortregister

Die fett gedruckten Seitenangaben verweisen auf Texte, die den Begriff erläutern, die übrigen auf Rezepte, in denen diese Zutat eine wichtige Rolle spielt.

In der Reihe »Gerichte und ihre Geschichte« erschienen in gleicher Ausstattung:

Hamidullah Kabuli Kohgadai
◆ Afghanisch kochen

Magdi und Christine Gohary, Brahim Lagunaoui
◆ Arabisch kochen

Stefan Ullmann
◆ Australisch kochen

Moema Parente Augel
◆ Brasilianisch kochen

Brigitte und Elmar Engel
◆ Indianisch kochen

Madhur Jaffrey
◆ Indisch kochen

Jürgen Schneider
◆ Irisch kochen

Elisabeth Veit
◆ Kanarisch kochen

Birgit Kahle
◆ Kubanisch kochen

Beate Engelbrecht, Ulrike Keyser
◆ Mexikanisch kochen

Ketsela Wubneh-Mogessie
◆ Ostafrikanisch kochen

Parwin Vormweg
◆ Persisch kochen

Magrit Liepe
◆ Polnisch kochen

Márcia Zoladz
◆ Portugiesisch kochen

Anne Iburg
◆ Schwedisch kochen

Hans-Ulrich Stauffer, Hanspeter Fontana
◆ Südafrikanisch kochen

Bânu Yalkut-Breddermann, Hajo Breddermann
◆ Türkisch kochen

Jojo Cobbinah, Holger Ehling
◆ Westafrikanisch kochen

... außerdem:

Jacob Blume
◆ Mit Lust die Welt verschlingen
Die sinnliche Küche Afrikas

◆ Das Buch von guter Speise
Mittelalterlich kochen

Die Reihe wird fortgesetzt.
Bitte fordern Sie unseren aktuellen Katalog an:

Verlag Die Werkstatt
Lotzestraße 24 a
D-37083 Göttingen
E-Mail: werkstatt-verlag@t-online.de
Internet: www.werkstatt-verlag.de

Zum Genießen

Jacob Blume
Mit Lust die Welt verschlingen
Die sinnliche Küche Afrikas
208 S., Hardcover
17,40 €, ISBN 3-89533-310-7
Authentisch afrikanisch kochen und mit allen Sinnen genießen… „Lassen Sie sich ent- und verführen." (Salzburger Landeszeitung)

Malle / Schmickel
Schnaps brennen als Hobby
164 S., Hardcover
zahlreiche Abbildungen
16,90 €, ISBN 3-89533-411-1
Praxisorientierte Einführung in die Kunst des Schnapsbrennens – mit rund 100 schmackhaften Rezepten.

Jacob Blume
Bier. Was die Welt im Innersten zusammenhält
240 S., Hardcover,
farbige Abbildungen
17,40 €, ISBN 3-89533-278-X
„Eine Königin unter den Kulturgeschichtsbüchern." (Gießener Anzeiger)

Klaus Kling
Bier selbst gebraut
202 S., Hardcover
zahlreiche farbige Abbildungen
12,80 €, ISBN 3-89533-370-0
Ein Buch, das Bierliebhaber „auf den Geschmack bringt". Mit 100 Rezepten für deutsche und internationale Biere.